LETTRES SUR L'HISTOIRE,

PAR HENRY SAINT-JEAN
LORD VICOMTE
BOLINGBROKE,

Traduites de l'Anglois.

TOME PREMIER.

Sur l'étude & l'usage de l'Histoire.

M. DCC. LII.

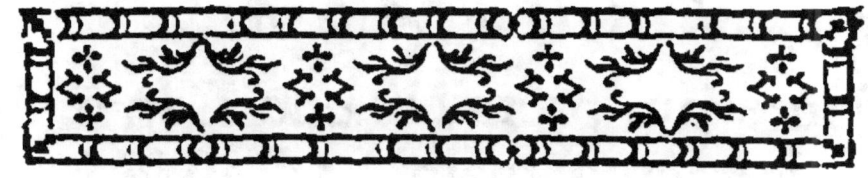

PRÉFACE.

LE célebre Vicomte de Bolinbroke écrivit ces Lettres sur l'Histoire, pour l'usage du jeune Lord Q. aujourd'hui Mylord H. en qui il avoit reconnu de bonne heure des talens naturels dignes d'une telle culture. Les six premieres, concernant l'Etude de l'Histoire, forment le premier Volume ; la septiéme & la huitiéme, contenant une Esquisse historique de l'état de l'Europe depuis le Traité des Pyrénées jusqu'à celui d'Utrecht, composent le second. On a ajouté au premier une Lettre de la même main, adreſſée à M. Pope, contenant un Plan d'Hiſtoire de l'Europe, & partant relative au même ſujet.

M. Pope fut chargé de faire imprimer le tout à Londres en 1738; mais on n'en tira alors qu'un très-petit nombre d'Exemplaires, dont l'Auteur fit préſent à autant d'Amis particuliers, qui tous lui avoient donné leur parole de les tenir ſecrets tant qu'il vivroit.

La mort nous ayant enlevé cet homme illuſtre au mois de décembre dernier, M. Mallet, a qui il avoit légué tous ſes Livres & ſes Manuſcrits, a auſſi-tôt fait réimprimer ces Lettres, qui

PRÉFACE.

ont enfin été publiées en Angleterre.

Mylord m'avoit permis d'en faire une traduction Françoise en 1741, sur l'Edition de M. Pope, avec la même promesse qu'elle ne paroîtroit point de son vivant. Il m'honora même de quelques avis, qui me semblerent autant de traits de lumiere. J'ai revu nouvellement cette Traduction sur l'Edition de M. Mallet, où j'ai trouvé en quatre ou cinq endroits des différences assez remarquables, que je n'ai point négligées. Enfin quelques Personnes très-versées dans l'une & l'autre Langue, ayant bien voulu jetter les yeux sur ma Traduction avant qu'elle sortît de la presse, il m'a paru que les Anglois l'avoient trouvée assez fidéle, & les François point trop servile.

Il ne m'étoit pas aussi facile qu'on pourroit croire de concilier ces deux points. S'il falloit ne rien laisser perdre d'un si précieux Original, il falloit aussi le plier quelquefois tant soit peu au goût de la Nation chez qui je voulois le faire passer. Mylord Bolingbroke plein de grandes idées & d'une vaste érudition, donnant l'essor à son Génie, répand par-tout avec profusion l'Histoire, la Morale, la Politique, la Métaphysique, la Critique. En Angleterre, un trait neuf & hardi est toujours bien reçu, en quelque lieu qu'il se rencontre; en France, on est plus attaché à l'ordre & à la méthode, & le beau même ne plaît guéres, s'il n'est à sa place. Ou le génie Anglois est un peu trop libre, ou le goût François un peu trop gênant. Ceux-ci pourront censurer l'embarras de quelques constructions, la rudesse de quelques termes, qui peuvent m'être échappés, & que je me suis même quelquefois permis, dans la crainte de trop affoiblir les images, ou d'éteindre entiérement le feu de l'Original; & ceux-là pourront trouver mauvais que j'aie coupé quantité de phrases, transposé des périodes, & même tiré du

Texte quelques parenthèses pour en faire de simples Notes au bas des pages, dans la vûe de rendre le style plus coulant & plus aisé. Des amis ont tout pris en bonne part ; mais le Public aura-t-il autant d'indulgence ?

Mylord Bolingbroke ayant eu souvent occasion de parler de quelques personnes peu connues parmi nous, & de faire allusion à quelques usages de son pays, j'ai cru faire plaisir au commun des Lecteurs, de leur communiquer ce que j'ai pû recueillir sur tous ces points de la conversation de quelques Anglois de la premiere distinction, & aussi remplis de politesse que de sçavoir. C'est dans cette vûe que j'ai ajouté à la fin de chaque Volume un petit nombre de Remarques. Il y en a deux ou trois que je tiens de l'Auteur même & qu'on trouvera marquées d'un A. on en trouvera d'autres marquées d'un H. & d'autres d'un B. pour les distinguer des petites réflexions que j'ai hazardées.

Je m'étois proposé d'ajouter encore au premier Volume des Notes d'une autre espéce, pour servir d'éclaircissemens, ou de correctifs à certaines propositions qui m'ont paru malsonnantes. Mais j'ai appris pendant le cours de l'impression, qu'un Evêque Anglois avoit déja pris soin de prémunir le Public sur cela par un Ecrit exprès, que l'on attend de jour en jour à Paris, & que l'on ne manquera pas de traduire, s'il se trouve tel qu'on a lieu de l'espérer.

Il est naturel de penser qu'un savant Prélat traitera mieux que tout autre des matiéres qui ont rapport à la Religion. Un homme d'esprit peu au fait des questions Théologiques se laisse aisément emporter aux premieres idées qui se présentent à son imagination, il croit trouver du remede à tous les abus, il se flatte de découvrir des moyens de défense plus solides ; il peut quelquefois en effet rencontrer assez heureusement pour fournir de nouvelles armes aux Défenseurs de la vérité Chrétienne, mais aussi il court grand risque de s'égarer en voulant s'ouvrir des routes nouvelles. C'est ainsi que j'ai peur que Mylord Bolingbroke ne se soit un peu trop écarté des voyes ordinaires.

Il n'y a véritablement que l'étude de la Scholastique qui aprenne à bien mesurer tous ses termes & à pressentir toutes les conséquences prochaines & éloignées de chaque proposition. Les premiers Peres de l'Eglise avoient assurément une Foi très-pure & une Charité très-fervente; d'où vient donc qu'ils n'ont pas développé les preuves de la Religion, & exposé les attributs de Dieu, son action sur les créatures, les Sacremens de l'Eglise, l'ordre de sa Hierarchie & tous les autres dogmes, avec toute la clarté & la précision que l'on exige aujourd'hui du moindre Docteur ? Pourquoi est-il plus aisé d'abuser des termes d'un S. Cyprien ou d'un S. Irenée, que de ceux de S. Thomas d'Aquin ou de S. Bonaventure? Parce que ces hommes Apostoliques ont employé un style oratoire, & conséquemment plus onctueux, plus persuasif, mais moins précis, moins convainquant que celui de nos Théologiens modernes.

Cette réflexion peut en quelque sorte servir d'excuse à notre Auteur, puisqu'elle montre que l'on doit peser plus ou moins rigoureusement les expressions de chaque Ecrivain, selon le siécle où il a vécu, le pays qu'il a habité, & la profession qu'il a exercée, mais principalement selon qu'il a ou qu'il n'a pas fait son étude de la Théolologie scholastique : tant est avantageuse la méthode & l'ordre didactique de nos Ecoles.

Cependant sur les bancs même de l'Ecole, pourvu que l'on reconnoisse la vérité de la Révélation chrétienne, l'Eglise a toujours laissé à chacun une grande liberté sur le choix des moyens de conviction. Nous voyons même par rapport à l'existence de Dieu, ce dogme fondamental de toute Religion, que telle preuve est absolument rejettée par quelques Théologiens Catholiques, que d'autres regardent comme triomphante. Descartes en proposa une nouvelle dans le siécle passé, & eut assez de peine à la faire goûter d'abord; c'est celle qui se tire des Idées innées : or cette preuve inconnue pendant près de dix-sept siécles, passe tellement aujourd'hui pour la pierre de touche de l'Orthodoxie, qu'on regarde presque comme des Matérialistes les Philosophes qui la combattent, & qu'on tiendroit même pour très-suspect tout Théologien qui affecteroit de la passer sous silence.

PRÉFACE.

De tous tems les Apologistes de la Religion ont employé divers argumens pour vaincre la résistance des Incrédules, & fait valoir divers motifs de crédibilité pour nourrir & affermir la foi des Simples; parce que de tous tems on a reconnu (& l'expérience journaliere le confirme) que toutes sortes de raisons ne font pas la même impression sur toutes sortes de personnes. L'un est plus touché des preuves morales, l'autre aquiesce plus volontiers aux preuves historiques, quelques-uns ne se rendent qu'aux argumens métaphysiques, & la plupart sont uniquement affectés de cette espece de preuve vivante qu'ils tirent eux-mêmes de l'exemple des hommes les plus sages & les plus éclairés, que la raison a conduits aux pieds de la foi, & qui ne se sont soumis que parce qu'après un mûr examen ils sont restés persuadés. D'où je conclus que chacun doit prendre garde de condamner trop legérement ceux qui entreprennent de réfuter un genre de preuves qui lui ont paru demonstratives, ou qui en proposent de nouvelles qui lui semblent suspectes; & que j'ai de me borner à représenter mon Auteur le plus fidélement qu'il me seroit possible, de peur que l'on n'eût à me reprocher de trop abonder en mon sens, ce qui me convienroit moins qu'à personne.

Ce

PRÉFACE. xvij

Ce que Mylord Bolingbroke propose, de prouver la Religion par l'Histoire, n'est point du tout à méprifer, puisque la divinité de la Mission sur laquelle elle est établie, les Miracles opérés, les Prophéties accomplies sont des faits, des vérités historiques. Tout ce qu'on peut dire c'est que ce moyen n'a pas été autant négligé qu'il le pense.

La distinction qu'il admet entre la partie historique & la partie doctrinale de la Bible par rapport à l'authenticité, a quelque chose de révoltant au premier coup d'œil ; mais avec un peu de réflexion, elle paroît toute autre. On auroit lieu d'être fort scandalisé si quelqu'un

b

nioit que Dieu eût révélé aux hommes ce qui étoit nécessaire à leur salut, & qu'ils ne pouvoient apprendre sans le secours d'une lumiere céleste: mais peut-on craindre de scandaliser personne, en disant que Dieu ne nous a point révélé ce qui étoit absolument inutile à notre sanctification, & que nous pouvions apprendre par des voyes très-simples & très-naturelles ? D'ailleurs la distinction que Mylord propose, est assez analogue à celle qui est admise par toute l'Eglise, entre les décisions des Conciles œcuméniques en matiere de dogme & en matiere de discipline, dont les unes sont irréformables &

les autres non, quoique personne ne doute que l'Esprit divin ne préside à ces saintes Assemblées de l'Eglise universelle.

Le goût décidé de notre Auteur, son zéle, ou si l'on veut sa passion pour l'Histoire, lui fait regretter la perte de tous les monumens quelconques, pour peu qu'ils eussent pu contribuer à l'éclaircissement de quelques vérités historiques; il pense qu'il faut confronter toutes les pieces pour & contre, & que l'on n'est point instruit véritablement, si l'on n'est instruit pleinement. De-là sa mauvaise humeur contre le Clergé Orthodoxe, pour avoir supprimé tant d'écrits scandaleux des Hérétiques anciens.

Mais au reste tous ses argumens vagues contre la certitude de la Tradition Ecclésiastique, ne sont que des répétitions de ce que les Ministres de la Religion Protestante ont osé soutenir, & que nos Controversistes ont si solidement refuté. Ne donnons point lieu aux Réformés de dire que nous redoutions les traits de leurs Claudes; invitons-les seulement à lire nos Bossuets. C'est-là qu'ils apprendront qu'on ne doit point chercher la vérité chez les enfans de Bélial; que le seul moyen sûr pour n'être point induit en erreur, c'est de s'attacher uniquement à Dieu, qui est la source de toute vérité, ou la Vérité même.

PRÉFACE.

À l'égard des déclamations violentes de l'Auteur contre les Souverains Pontifes, elles feroient presque soupçonner qu'élevé dans la haine de l'Eglise Romaine, il n'avoit pas su s'affranchir des préjugés de sa premiere éducation autant qu'il paroissoit s'en flatter. Quant aux faits, il n'avance rien que l'on ne trouve dans l'Histoire Eccléfiastique de M. l'Abbé Fleury; mais pour les réflexions, qu'il y a loin du piquant de l'un au tranchant de l'autre! C'est-là surtout qu'il faut se rappeller que c'est un Anglois qui parle. Il semble que par égards pour la liberté Angloise, il y ait dans le public une sorte de convention tacite qui fait tolerer bien des choses dans les Ecrivains de cette Nation que l'on ne passeroit pas à d'autres.

Quant à ce qu'il dit au sujet de M. Paris, je l'ai fait lire à plusieurs de ceux que l'on nomme J. & de ceux que l'on appelle M. Chacun d'eux a trouvé que son parti y étoit le moins maltraité, & tous se sont assez accordés à dire qu'un Religionnaire ne pouvoit guères envisager cette affaire autrement.

Quoique je sois intimement persuadé que la fidélité la plus scrupuleuse est le premier devoir d'un Traducteur, & que cette considération m'ait fait passer sur bien d'autres scrupules, je ne rougirai point qu'on me reproche de n'avoir pas traduit un certain morceau qui se trouve sur la fin de la troisiéme Lettre dans l'Edition de 1752. Comme il n'étoit point dans celle de 1738, j'ai cru pouvoir & devoir l'omettre; non par crainte d'être pris à partie sur cela, mais par ménagement pour les oreilles pieuses.

LETTRE

PREMIERE LETTRE,
SUR L'ETUDE
DE L'HISTOIRE.

A Chantelou, en Touraine,
6 Nov. 1735.

MONSIEUR,

J'ai autrefois considéré avec beaucoup d'attention le sujet sur lequel vous m'ordonnez de vous communiquer mes pensées ; & je pratiquai alors (autant que les affaires & les plaisirs m'en laissoient le tems) les regles qu'il me sembloit nécessaire d'observer dans l'étude de l'Histoire. Ces regles étoient très-différentes de celles que l'on suit communément, & que les Ecrivains qui ont traité ce sujet ont recommandées. Mais je vous avoue, Monsieur, que cela ne m'en donna dans ce tems, ni ne m'en a donné depuis aucune défiance. Je n'affecte la singularité en rien ; au contraire je pense que l'on doit des égards aux opinions reçues, & qu'il faut se prêter avec une juste condescendance aux coutumes établies, quoique les unes & les autres puissent être, & soient souvent, absurdes ou ridicules. Mais cet assujettissement n'est qu'extérieur, & ne détruit en aucune sorte la liberté de notre propre jugement. D'ailleurs l'obligation de s'y soumettre, même à l'extérieur, ne s'étend pas au-delà de ces opinions & de ces coutumes que l'on ne sauroit combattre, dont on ne sauroit même s'écarter sans porter quelque préjudice, ou causer quelque scandale à la société. Dans tous ces cas nos spéculations doivent toujours être libres; en tout autre cas notre pratique peut l'être aussi. C'est pourquoi sans avoir aucun égard à l'opinion ni à la pratique, même du monde savant, je vous dirai très-volontiers la mienne. Mais comme il est difficile de ratraper le fil des pensées que l'on a laissé échaper depuis long-tems, & impossible de prouver certains points & d'en éclaircir d'autres sans le secours de plusieurs Livres dont je suis dépourvu ici; il faut que vous ayez la bonté de vous contenter d'une esquisse imparfaite, telle que je puis vous l'envoyer présentement dans cette Lettre.

Différens motifs portent les hommes à l'étude de l'Histoire. Quelques-uns (si de telles gens peuvent dire qu'ils étudient) ne se proposent rien de plus qu'un amusement, & lisent les vies d'Aristide ou de Phocion, d'Epaminondas ou de Scipion, d'Alexandre ou de César, précisément comme ils jouent une partie de piquet, ou comme ils liroient l'histoire des sept Preux.

Il y en a d'autres qui lisent pour parler, pour briller en conversation & pour en imposer en compagnie; qui ayant peu d'idées de leur propre fond à faire valoir, farcissent leurs esprits de faits & de maximes crues ou mal digérées; & se flattent que la mémoire seule supléera au manque d'imagination & de jugement. Ainsi ils ne sont pas portés à cette étude par de meilleurs motifs, & ils ont ce dédavantage de plus, que très-souvent ils deviennent à charge à la société à proportion du progrès qu'ils font. Les premiers ne rapportent leur lecture à aucune bonne fin ; les derniers la corrompent par l'abus qu'ils en font, & croissent en impertinence à mesure qu'ils croissent en science. Il me semble que j'ai connu plus de Lecteurs de la premiere espéce en Angleterre, & plus de la derniere en France.

Mais ceux-là forment les deux plus basses classes : ceux dont je vais vous entretenir sont d'un ordre un peu plus relevé. Ce sont des gens que l'étude ne rend ni plus sages ni meilleurs en eux-mêmes, mais qui mettent les autres à portée d'étudier avec plus de facilité & pour des objets plus utiles, qui font de belles copies de vilains manuscrits ; donnent l'explication des mots difficiles, & prennent beaucoup d'autres pénibles soins pour la correction des Livres & l'exactitude grammaticale. On auroit réellement de grandes obligations à ces sortes de personnes, si elles étoient (je parle en général) capables de quelque chose de mieux, & qu'elles se soumissent à ce vil métier en vue de l'utilité publique ; comme il faut avouer avec reconnoissance que quelques-uns d'eux l'ont fait au tems du renouvellement des Lettres, mais non pas, à mon avis, passé cette époque, ou environ. Quand il y a des ouvrages importans qui pressent, les Généraux eux-mêmes peuvent manier la pioche & la bêche; mais dans le cours ordinaire des choses, quand cette nécessité pressante est passée, on laisse de tels outils aux mains destinées à s'en servir, à de simples soldats & à des paysans. C'est pourquoi j'approuve fort le zéle d'un sçavant Religieux que l'on entendoit à l'Eglise dans son oratoire descendant dans le détail avec Dieu, comme les dévots ont accoutumé de faire, & entre autres actions de graces particulieres, exprimant sa reconncissance de la bonté divine d'avoir fourni au monde des faiseurs de Dictionnaire. La plûpart de ces gens-là cherchent à se faire une réputation, aussi bien que ceux qui sont fort au-dessus d'eux, par les moyens que Dieu leur a donnés pour y parvenir; & Littleton déploya toute la capacité de son génie pour composer un Dictionnaire, ce qu'on ne ne sauroit dire d'Etienne assurement.

Cependant ces bonnes gens méritent quelque encouragement, tant qu'ils s'attachent à compiler sans affecter d'esprit, ni se piquer de raisonner.

Il est une quatriéme classe bien moins utile que celle-ci, mais d'un bien plus grand nom : des hommes d'un savoir éminent, devant qui tout genou fléchit dans la République des Lettres. Il faut être aussi indifférent que je le suis à la censure & à l'approbation du vulgaire, pour oser montrer un parfait mépris pour toutes les occupations de la vie de ces Savans; pour toutes les recherches sur l'Antiquité, & tous les systêmes de chronologie & d'histoire que nous devons aux travaux immenses d'un Scaliger, d'un Bochart, d'un Petau, d'un Usher & d'un Marsham. Les mêmes matériaux leurs sont communs à tous; mais ces matériaux sont en petit nombre, & il y a impossibilité morale que l'on en recouvre jamais davantage. Ils les ont combinés sous toutes les formes qu'on leur peut donner; ils ont supposé, ils ont deviné, ils ont raproché des passages séparés de différens Auteurs, & des traditions estropiées d'une origine incertaine, de différens Peuples, & de siécles aussi éloignés l'un de l'autre que du nôtre. Enfin pour qu'on ne pût pas dire qu'ils se fussent refusé aucune sorte de liberté, une sotte & imaginaire ressemblance de sons leur a suffi pour étayer un systême. Outre que leurs matériaux sont en petit nombre, les meilleurs même & ceux qui passent pour autentiques, ont été décorés de ce titre très-gratuitement, comme quelques-uns de ces savans hommes l'avouent eux-mêmes.

Jules Africain, Eusebe & le Moine George * ouvrirent les principales sources de toute cette science; mais ils en corrompirent les eaux. Leur point de vue étoit de faire accorder l'Histoire & la Chronologie profane avec l'Histoire Sacrée; quoiqu'il s'en faille beaucoup que l'on ne trouve dans les Livres saints une suite de chronologie assez claire, assez liée pour en faire une regle. Pour cet effet, les anciens monumens que ces Ecrivains ** firent passer à la postérité, furent redigés par leurs soins conformément au système qu'ils avoient adopté; & aucun de ces monumens ne nous

* George Syncelle.
** Jules Africain, Eusebe, Syncelle.

a été transmis dans sa forme primitive, & sa pureté naturelle. Les Dynasties de Manethon, par exemple, ont été déchiquetées par Eusebe, & il en a fait entrer dans son ouvrage les fragmens qui convenoient à son dessein : c'est tout ce qui nous en reste, tout ce que nous en connoissons. Nous devons le Code Alexandrin au Moine George; il n'est soutenu d'aucune autre autorité; & l'on ne sauroit voir sans étonnement un homme tel que le Chevalier Jean Marsham, mépriser cette autorité dans une page & bâtir son système dessus dans la suivante : il semble même (tant il en parle légérement) s'être assez peu embarassé quels fussent les fondemens de son système, réservant toute son habileté pour en former un, & pour réduire l'immense antiquité des Egyptiens dans les bornes de la supputation Hébraïque. En un mot, Monsieur, tous ces systêmes sont autant de palais enchantés qui semblent être quelque chose, & ne sont qu'apparence: rompez le charme, & tout s'évanouit à vos yeux. Pour rompre le charme, il faut remonter jusqu'à l'origine de chacun; il faut que nous sondions par un examen scrupuleux & impartial les fondemens sur lesquels ils sont établis; & si nous les trouvons ou peu vraisemblables, ou entiérement dénués de vraisemblance, il y auroit de la folie à attendre rien de mieux de l'édifice qu'ils soutiennent. Cette science est du nombre de celles qu'il faut saluer d'un peu loin *. Il est bon de s'avancer jus-

* *A limine salutare.*

qu'à la porte, afin qu'une autorité grave ne se joue pas de notre ignorance; mais d'entrer plus avant, ce seroit aider à cette même autorité à nous imposer le joug d'une fausse science. J'aimerois mieux prendre le Darius qu'Alexandre vainquit pour le fils d'Histaspe, & faire autant d'anacronismes qu'un Chronologiste Juif, que de sacrifier la moitié de ma vie à rassembler tous les savans lambeaux qui remplissent la tête d'un Antiquaire.

SECONDE LETTRE,

Sur le véritable usage de l'Histoire, & ses avantages.

PErmettez-moi, Monsieur, de vous entretenir un peu de l'Histoire en général, avant que de descendre dans le détail de ses différentes parties, des différentes manieres de l'étudier, & des différentes vues de ceux qui s'y appliquent.

L'amour de l'Histoire semble inséparable de la nature humaine, parce qu'il semble inséparable de l'amour propre. Ici le même principe nous pousse en avant & en arriere, vers les siécles à venir, & vers les siécles passés. Nous nous imaginons que les choses qui nous affectent doivent affecter la postérité : ce sentiment est universellement répandu parmi les hommes, depuis César jusqu'au Magister de Village dont Pope fait mention dans ses œuvres mêlées. C'est notre folie de vouloir conserver, autant qu'il est en notre mince pouvoir, la mémoire de nos propres aventures, de celles de notre tems, & des tems antérieurs. C'eſt en cette vue que des Nations qui n'avoient point encore l'uſage des Arts & des Lettres, ont élevé de gros tas de pierres brutes, & compoſé des hymnes plus groſſiers encore. Sans remonter plus haut, on célébroit dans les chanſons Runiques les triomphes d'Odin, & les Bardes chantoient les exploits des Bretons nos ancêtres. Les Sauvages de l'Amérique ont la même coutume aujourd'hui, & chantent dans toutes leurs fêtes de longues ballades hiſtoriques de leurs chaſſes & de leurs guerres. Il n'eſt pas beſoin de dire que cette paſſion s'accroît parmi les Nations civiliſées à proportion des moyens qu'elles ont de la ſatisfaire: mais obſervons que le même principe naturel nous dirige auſſi puiſſamment, plus univerſellement & de meilleure heure à contenter notre propre curioſité, qu'à ſatisfaire celle des autres. L'enfant écoute avec plaiſir les contes de ſa nourrice ; dès qu'il peut lire, il dévore avec avidité des légendes fabuleuſes & des nouvelles ; dans un âge plus mûr, il s'applique à l'Hiſtoire, ou à ce qu'il prend pour elle, à des Romans autoriſés ; & même dans la vieilleſſe, le deſir de ſavoir ce qui eſt arrivé aux autres hommes ne céde qu'au ſeul deſir de rapporter ce qui nous eſt arrivé à nous-mêmes. Ainſi l'Hiſtoire, vraie ou fauſſe, parle toujours à nos paſſions. Quel dommage, Monſieur, que les meilleures même parlent ſi rarement à notre eſprit ! Nous ne ſaurions nous en prendre qu'à nous

nous mêmes. La nature a fait ce qui dépend d'elle; elle a ouvert cette carriere à quiconque sait lire & penser; & comme elle nous a fait trouver beaucoup de plaisir dans l'application de nos esprits, la raison peut nous y faire trouver beaucoup d'utilité. Mais si nous consultons notre raison, nous nous garderons bien de suivre en ce cas, comme en beaucoup d'autres, les exemples de la plûpart des créatures de notre espéce, à qui leur qualité de substances raisonnables inspire tant de fierté ; nous ne lirons ni pour favoriser notre indolence, ni pour flatter notre vanité : nous ne nous réduirons pas volontairement à travailler en vils Grammairiens & en Scoliastes, pour mettre les autres à portée d'étudier avec moins de peine & plus de fruit en Philosophes & en hommes d'Etat; mais nous affecterons aussi peu le frivole mérite de devenir des érudits du premier ordre; ce seroit l'acheter trop cher que de marcher toute notre vie en tâtonnant dans les labyrinthes obscurs de l'Antiquité. Tous ces gens-là ne connoissent point le véritable but de l'étude, ni le propre usage de l'Histoire. La nature nous a donné la curiosité pour exciter la sagacité de nos esprits; mais elle n'a jamais prétendu en faire l'unique, ni même le principal objet de notre application. Son objet propre & véritable, c'est un progrès constant dans la vertu. L'application à une étude qui ne tend directement ni indirectement à nous rendre plus gens de bien & meilleurs Citoyens, n'est qu'un rafinement de l'oisiveté; & la science que nous acquerons par-là est une espéce d'ignorance fastueuse & rien de plus. Cette ignorance fastueuse est, à mon avis, le seul fruit que la plûpart des hommes, & même les plus savans, retirent de l'étude de l'Histoire : & cependant, de toutes les études, celle de l'Histoire me semble la plus propre à nous inspirer la sagesse & à nous former à la vertu.

Je ne doute pas, Monsieur, qu'étonné de la hardiesse de ma censure, vous ne soyez prêt dans ce moment à me demander quel est donc le véritable usage de l'Histoire? A quels égards elle peut servir à nous rendre meilleurs & plus sages? Et quelle méthode il faut suivre dans cette étude, pour parvenir à ces fins importantes? Je vous répondrai en vous citant ce que j'ai lû dans Denys d'Halicarnasse, que l'Histoire est *une Philosophie qui instruit par des exemples*. Nous n'avons besoin que de jettter les yeux sur le monde, & nous verrons incessamment qu'elle est la force de l'exemple ; nous n'avons besoin que de rentrer au dedans de nous, & nous découvrirons bientôt comment l'exemple a cette force. *Peu de gens, dit Tacite, distinguent par le raisonnement le juste de l'injuste, l'utile du nuisible ; la plûpart s'instruisent par ce qu'ils voyent arriver aux autres* [*]. Telle est l'imperfection de l'entendement humain, telle la fragilité naturelle de nos esprits, que les propo-

---

[*] *Pauci prudentiâ, honesta ab deterioribus, utilia ab noxiis discernunt; plures aliorum eventis docentur.*

tions abstraites ou générales, fussent-elles les plus vraies du monde, nous paroissent très-souvent obscures ou douteuses, jusqu'à ce qu'elles soient expliquées par des exemples; & que les leçons les plus sages en faveur de la vertu, n'avancent pas beaucoup à convaincre le jugement & à déterminer la volonté, à moins qu'elles ne soient fortifiées par les mêmes moyens, & que nous ne soyons obligés de nous appliquer à nous-mêmes ce que nous voyons arriver aux autres. Les instructions par des préceptes ont encore un désavantage; c'est qu'elles émanent de l'autorité des autres, outre qu'elles demandent ordinairement une longue suite de raisonnemens. *Les hommes ont plus de foi à leurs yeux, qu'à leurs oreilles; par les préceptes le chemin est long, par les exemples il est court & immanquable.* *

Voici, à ce que je crois, la raison de ce jugement que je cite d'une des Epitres de Seneque, en confirmation de mon propre sentiment ; c'est que quand on nous présente des exemples, c'est appeller en quelque sorte à nos sens aussi bien qu'à notre esprit, & cet appel a quelque chose de flatteur pour nous : l'instruction se trouve donc soutenue de notre propre autorité ; nous formons le précepte d'après notre expérience, & nous cédons au fait lorsque nous résisterions à la spéculation. Mais ce n'est pas là le seul avantage de l'instruction par les exemples ; car l'exemple n'appelle pas seulement à no-

* *Homines amplius oculis quam auribus credunt ; longum iter est per præcepta, breve & efficax per exempla.*

tre esprit & à nos sens, mais encore à nos passions; l'exemple les calme ou les anime; il engage la passion dans le parti du jugement, & accorde si bien l'homme avec lui-même, qu'il ne semble pas qu'il soit composé de diverses pieces; ce que ne sauroient faire le raisonnement le plus fort, ni la démonstration la plus claire; & ainsi formant des habitudes par la répétition, l'exemple assure l'observation des préceptes qu'il a insinués. Pline dit que la maniére la plus gracieuse (il auroit pu ajouter, & la plus efficace) de commander, c'est par des exemples.*
L'exemple adoucit les ordres les plus rigoureux, & la tyrannie même devient persuasive. Quel dommage que si peu de Princes ayent appris cette manié-

* Mitiùs jubetur exemplo.

re de commander ! Dans la même Epître dont je viens de citer un passage, Sénéque dit que Cléante n'eût jamais imité Zénon si parfaitement, s'il n'avoit passé sa vie avec lui ; que Platon, Aristote & les autres Philosophes de cette Ecole, profiterent plus des exemples que des discours de Socrate. * Il ajoute que Métrodore, Hermaque & Polien, tous gens de la premiere considération, se formerent en vivant sous le même toît avec Epicure, & non en fréquentant son Ecole. Voilà des preuves bien sensibles du pouvoir de l'exem-

* Sénéque s'est mépris ici, car Socrate mourut quatre ans, (ou au moins deux) avant la naissance d'Aristote ; la méprise peut venir de l'inattention de ceux qu'il employoit à lui faire des recueils, comme Erasme l'observe après Quintilien, dans son jugement sur Sénéque.

ple présent. Mais d'ailleurs la force des exemples ne se borne pas à ceux qui se passent immédiatement sous nos yeux : ceux que la mémoire nous suggére ont le même effet à proportion, & l'habitude de les rappeller produit bientôt l'habitude de les imiter. Vous n'ignorez pas, Monsieur, que les Citoyens Romains plaçoient les images de leurs Ancêtres dans les vestibules de leurs maisons ; de sorte que chaque fois qu'ils entroient ou qu'ils sortoient, ces vénérables bustes se présentoient à leurs yeux, & rappeloient les glorieux exploits des morts pour enflammer les vivans, & les exciter à imiter, à surpasser même, s'il étoit possible, des Ayeux si illustres. Le succès répondit à ces vues : la vertu d'une génération étoit transmise aux suivantes par la magie de l'exemple; & l'esprit d'Héroïsme se conserva pendant plusieurs siécles dans cette République. Or ce sont autant de preuves de la force des exemples éloignés; ainsi de toutes ces preuves réunies nous pouvons inférer la nécessité des exemples de l'une & de l'autre espéce.

L'Ecole de l'exemple c'est le monde, & les Maîtres de cette Ecole sont l'Histoire & l'expérience. Je suis fort éloigné de prétendre que la premiere soit préférable à l'autre; je pense tout le contraire : Mais ce que je dis, c'est que la premiere est absolument nécessaire pour nous préparer à la derniere, & pour nous accompagner tant que nous sommes sous la discipline de celle-ci, c'est-à-dire, pendant tout le cours de notre vie. Il n'est pas doureux que l'on ne puisse citer quelque peu de gens à qui la nature a donné ce que l'art & le travail ne peuvent donner à personne. Mais de tels exemples ne prouvent rien contre moi, puisque je conviens que, sans l'expérience, l'étude de l'Histoire est insuffisante ; mais je soutiens que sans le génie, l'expérience même ne suffit point. Le génie est préférable aux deux autres, mais je desirerois trouver tous les trois réunis ensemble ; car quelque grand que puisse être un génie, & quelque nouveau surcroît de lumiere & de feu qu'il puisse acquérir à mesure qu'il avance dans sa course, il est certain qu'il ne brillera jamais avec tout l'éclat, ni ne répandra toutes les influences dont il est capable, à moins qu'il n'ajoute à sa propre expérience celle des autres hommes & des autres siécles. Le génie sans culture, au moins sans la culture de l'expérience, est ce qu'on croyoit autrefois qu'étoient les Comètes, un Météore éclatant, irrégulier dans son cours & dangereux dans ses approches, de nul usage en aucun systême, & capable de les détruire tous. Enfans de la terre, ceux de nous qui ont l'expérience sans aucune connoissance de l'Histoire du monde, ne sont qu'à demi savans dans la science des hommes; & ceux qui sont versés dans l'Histoire sans aucune expérience, sont pires que des ignorans, toujours incapables, quelquefois brouillons & présomptueux. Mais l'homme qui réunit tous les trois, est l'honneur de son pays, & l'objet de l'estime publique; c'est ce que j'espére que vous serez dans ce siécle, Monsieur, comme votre bisayeul * le fut dans le siécle passé.

Ce qui m'a fait insister un peu plus long-tems sur ce point, & marquer ces distinctions avec plus de soin, c'est que, quoique j'attribue à l'étude de l'Histoire beaucoup plus que bien des gens ne voudront m'accorder ; cependant je serois fâché que l'on pût me soupçonner de tomber dans le ridicule de lui attribuer des effets aussi extravagans que quelques-uns ont fait, depuis Ciceron jusqu'à Casaubon, la Mothe le Vayer & quelques autres Ecrivains Modernes. Quand Ciceron nous apprend dans le second Livre de ses Questions Tusculanes, que le premier Scipion l'Africain

* Le Comte de Clarendon.

avoit toujours entre les mains les Ouvrages de Xenophon, il n'avance rien que de plausible & de raisonnable. Sans parler de la Retraite des dix mille ni des autres Ouvrages de Xenophon, les images de vertu représentées dans cet admirable tableau de la Cyropedie, étoient propres à entretenir une ame déja imbue de l'amour de la vertu, & Cyrus étoit digne d'être imité par Scipion. Ainsi Selim prit pour son modéle César, dont il fit traduire les Commentaires pour son usage contre la coutume des Turcs : ainsi César s'étoit proposé Aléxandre, & Aléxandre Achille pour modéle. Il n'y a rien de ridicule ici, si ce n'est l'usage que font de ce passage ceux qui le citent. Mais ce que dit le même Ciceron dans le quatriéme Livre de ses Questions Académiques au sujet de Lucullus, me semble fort extraordinaire. Quoiqu'il fût parti de Rome sans aucune connoissance de l'Art Militaire, en arrivant en Asie il se trouva un Général tout formé *. On seroit tenté de rapporter un changement si subit & un si immense progrès, à une science infuse par inspiration, si on ne nous assuroit au même endroit qu'une telle métamorphose fut produite par des moyens très-naturels & qu'il est au pouvoir de chacun de mettre en œuvre. Partie en interrogeant d'habiles gens, partie en lisant l'Histoire **. Lucullus à ce comp-

* In Asiam factus Imperator venit, cum esset Româ profectus rei militaris rudis.
** Partim percontando à peritis, partim in rebus gestis legendis.

te eut juſtifié le reproche que Salluſte met dans la bouche de Marius contre la Nobleſſe Romaine. Mais comme on reconnoît à ce trait la paſſion de Marius & ſes préjugés contre les Patriciens, il me ſemble qu'on reconnoît auſſi dans l'autre l'artifice de Ciceron & ſa prévention ſur ſon propre compte. Lucullus après avoir été élu Conſul, obtint par intrigue le Gouvernement de Cilicie, & ſe mit ainſi en ſituation de commander les Armées Romaines contre Mitridate : Ciceron eut dans la ſuite le même Gouvernement ; & quoiqu'il n'eut en tête ni Mitridate ni aucun autre ennemi conſidérable, quoique tous ſes exploits guerriers ſe réduiſiſſent à avoir ſurpris & dévaliſé une troupe de Ciliciens Montagnards & demi ſauvages,

sauvages, cependant il se donna des airs de Conquérant, & décrivit ses expéditions en un style si pompeux, que la relation en devient burlesque. Il est vrai qu'il plaisante dans une de ses Lettres à Atticus sur son *Généralat*; mais si nous considérons celles qu'il écrivit à cette occasion à Cælius Rufus & à Caton, ou celles où il exprime à Atticus son ressentiment contre Caton (pour n'avoir pas proposé en sa faveur les honneurs que l'on avoit coutume de déférer aux Conquérans) nous verrons combien la vanité lui avoit tourné la tête, & avec quelle impudence il insistoit pour obtenir le triomphe. Est-ce donc forcer le sens que de supposer qu'il veut insinuer dans ce passage que j'ai cité au sujet de Lucullus, que toute la différence entre lui & cet ancien Gouverneur de Cilicie, même par rapport au mérite militaire, ne résulte que des différentes conjonctures; & que Lucullus n'eût pas fait pour lors en Cilicie autre chose que ce qu'il y fit lui-même? Ciceron avoit lû & consulté au moins autant que Lucullus, & par conséquent auroit paru aussi grand Capitaine, s'il avoit eu en tête un aussi grand Prince que Mithridate. Mais la vérité est que Lucullus se rendit grand Capitaine par la théorie seule & l'étude de l'Histoire, précisément comme Ferdinand d'Espagne & Alfonse de Naples se guérirent de maux désespérés par la lecture de Tite-Live & de Quint-Curce; pitoyable conte que Bodin, Amiot & quelques autres ont relevé

& répandu. Lucullus avoit servi dans sa jeunesse contre les Marses, & vraisemblablement en d'autres guerres; & Sylla le distingua bien-tôt: il accompagna ce Général en Orient, & eut beaucoup de part à sa confiance: il commanda en diverses expéditions; ce fut lui qui rétablit les Colofoniens en leur liberté, & qui punit la révolte des habitans de Mitylene. Ainsi nous voyons que Lucullus fut formé par l'expérience aussi-bien que par l'étude, & par une expérience acquise en ces mêmes contrées où il moissonna depuis tant de lauriers en combattant contre le même ennemi. Le feu Duc de Malborough n'avoit très-certainement jamais lû Xenophon, ni peut-être seulement parcouru la relation d'aucunes guerres modernes; mais il avoit servi dans sa jeunesse sous M. de Turenne, & j'ai entendu dire que dès ces premiers tems il s'étoit fait remarquer par ce grand homme. Il commanda ensuite dans une Expédition en Irlande; il servit une Campagne ou deux sous le Roi Guillaume en Flandre; mais hormis cela il n'eut aucune occasion d'acquérir de l'expérience à la guerre, jusqu'à ce qu'il parvint au Commandement de nos Armées en 1702, & qu'il triompha, non de Troupes Asiatiques, mais des vieilles Armées de France. Le Romain avoit pour lui le génie & l'expérience cultivée par l'étude : l'Anglois avoit le génie fortifié par l'expérience, & rien de plus. Le premier n'est donc point un exemple de ce que peut faire l'étude seule ; mais e dernier en est un de ce que le génie & l'expérience peuvent faire sans l'étude. Ils peuvent faire beaucoup sans doute, lorsque celui-là est donné dans un dégré supérieur. Mais de tels exemples sont fort rares : & quand ils se rencontreront, il sera toujours vrai de dire que de tels hommes auroient eu moins de taches, & auroient plus approché de la perfection dans tous les genres de vertus qui conviennent tant à l'homme public qu'au simple particulier, & dans les Arts pacifiques comme dans les Expéditions Militaires, s'ils eussent étendu leurs vues & annobli leurs sentimens, en donnant à leurs esprits une certaine trempe, un certain essor qui répand sur toute la conduite de la vie les plus heureuses influences, lorsqu'on s'est appliqué de bonneheure à

C iij

l'étude de l'Histoire & de la Philosophie, dans l'intention de devenir plus sages & meilleurs, sans aucune affectation de devenir plus savans.

Dès la tendre enfance, c'est-à-dire beaucoup plutôt qu'on ne le suppose communément, l'esprit commence à prendre un pli, un ton, une façon de penser, qu'il s'approprie ; en un mot, on voit germer les semences du caractere moral, qui ne peut pas refondre entiérement notre caractere naturel ; mais qui peut corriger le mal & perfectionner le bien qui s'y trouve, ou faire tout le contraire. Il est également certain que nous acquérons de l'expérience, ou n'en acquérons pas ; & que cette expérience nous rend meilleurs ou plus méchans, quand nous entrons dans le monde & que nous nous mêlons parmi les autres hommes, selon la trempe d'esprit & le tour de pensées que nous avons pris d'avance & que nous portons avec nous. Il s'en répand une teinture sur toutes nos acquisitions postérieures: de sorte que la même expérience qui assure le jugement de l'un ou l'excite à la vertu, induit l'autre en erreur, ou le plonge dans le vice. Il s'ensuit de là que l'étude de l'Histoire a un double avantage à cet égard. Si l'expérience seule peut nous perfectionner dans nos rôles, elle ne sauroit commencer à nous les apprendre que nous ne soyons actuellement sur la scéne: au lieu que, par notre application à cette étude préliminaire, nous les étudions au moins avant que d'y paroître; nous n'y arrivons pas abfolument sans préparation ; nous apprenons nos rôles plutôt, & nous les apprenons mieux.

Permettez-moi d'éclaircir ma pensée par un exemple. A peine y a-t'il une folie ou un vice plus épidémique parmi les enfans des hommes, que la ridicule & pernicieuse vanité, qui porte le peuple de chaque pays à se préférer à tous les autres, & à faire de ses propres coutumes, de ses manieres & de ses opinions les régles du juste & de l'injuste, du vrai & du faux. Les Mandarins Chinois parurent étrangement surpris & presque incrédules, quand les Jésuites leur montrerent combien leur Empire faisoit une petite figure sur la Carte générale du Monde : les Samojedes s'étonnerent beaucoup que le Czar de Moscovie ne vécût pas parmi eux ; & le Hottentot que l'on avoit amené en Europe, se dépouilla tout nud dès qu'il fut de retour chez lui, remit avec empressement des bracelets de boyaux & de tripailles, & redevint puant & pouilleux aussi-tôt qu'il en eut la liberté. Or rien ne sauroit contribuer davantage à nous préserver d'être entichés de cette vanité, que de nous accoutumer de bonne heure à considérer dans ce vaste tableau que l'Histoire déploie devant nous, les différentes Nations de la Terre dans leur élévation & dans leur chûte, dans leur état barbare & dans leur état policé, dans leur ressemblance & dans la différence de l'un à l'autre, & de chacun comparé à lui-même.

En représentant souvent à l'esprit

cette perspective, le Mexicain avec son bonnet & sa casaque de plumes, sacrifiant une victime humaine à son Dieu, ne paroîtra pas plus sauvage à nos yeux, que l'Espagnol avec un chapeau sur sa tête & une fraise autour de son cou, sacrifiant des Nations entieres à son ambition, à son avarice, & même à ses barbares amusemens. Je pourrois montrer, par une quantité d'autres exemples, comment l'Histoire nous prépare pour l'expérience, & nous y sert de guide; & plusieurs de ces exemples seroient également curieux & importans. Je pourrois pareillement rapporter divers autres exemples où l'on verroit que l'Histoire sert à purger l'esprit de ces partialités nationales & de ces préjugés que nous sommes sujets à contracter dans

SUR L'HISTOIRE. 43

notre éducation, & que l'expérience fortifie la plûpart du tems, au lieu de les détruire, parce qu'elle est ordinairement aussi bornée que notre éducation. Mais j'appréhende de devenir trop long ; c'est pourquoi je concluerai sur cet article, en observant que, quoique l'étude de l'Histoire (si nous nous y appliquons de bonne heure & d'une maniere convenable) puisse beaucoup contribuer à affranchir nos esprits d'une partialité ridicule en faveur de notre pays & d'un préjugé vicieux contre les autres, cependant cette même étude produit en nous une préférence d'affection envers notre Patrie. On raconte une histoire d'Abgare qui amena, dit-on, à Rome diverses sortes de bêtes tirées de différens climats, & les lâcha devant Auguste : ces bêtes coururent incontinent chacune vers la partie du Cirque où l'on avoit répandu quelque peu de terre apportée de son pays natal. *Credat Judæus Apella:* on peut passer cette crédulité à Joseph * ; mais sûrement l'amour de notre Patrie n'est pas une institution de la nature, mais une leçon de la raison ; ce n'est pas l'instinct qui nous y attache, mais l'éducation & l'habitude, l'obligation & l'intérêt. Néanmoins il est si nécessaire de cultiver ce penchant, & la prospérité de toutes les sociétés, aussi-bien que la grandeur de quelques unes, en dépend si fort, que les Orateurs par leur éloquence & les Poëtes par leur enthousiasme se sont efforcés de tour-

* Car c'est de lui que je crois avoir tiré ce Conte.

ner ce précepte de morale en passion. Mais les exemples que nous trouvons dans l'Histoire, soutenus par les vives descriptions & les applaudissemens ou les censures des Historiens judicieux, auront un effet beaucoup meilleur & plus durable que les déclamations des Orateurs & les chants des Poëtes, ou les moralités séches des simples Philosophes.

Enfin, c'est fréquenter bonne compagnie que de converser avec les Historiens : la plûpart étoient des hommes excellens ; & ceux qui n'étoient pas tels ont au moins eu grand soin de le paroître dans leurs Ecrits. C'est pourquoi il ne peut être que fort utile de nous préparer par cette conversation à celle du monde ; & de recevoir nos premieres impressions & d'acquérir nos premieres habitudes dans une scène où les images de la vertu & du vice nous sont continuellement représentées avec les couleurs qui leur sont propres, avant que de nous produire sur une autre scène où la vertu & le vice sont trop souvent confondus, & ce qui appartient à l'une souvent attribué à l'autre.

Outre l'avantage de commencer de meilleure heure à connoître les hommes, & d'apporter avec nous, en entrant dans le monde & dans les affaires, une disposition d'esprit & une façon de penser qui nous rende capables de faire un meilleur usage de notre expérience ; il y a cet avantage de plus dans l'étude de l'Histoire, que les progrès que nous faisons par son moyen s'étendent à un plus grand nombre d'objets, & se font aux dépens d'autrui ; au lieu que les progrès que nous faisons par notre propre expérience, se bornent à un plus petit nombre d'objets & se font à nos propres dépens. Ainsi afin d'apprécier de bonne foi ces deux espéces de culture ; quoique la derniere soit la plus essentielle, cependant mettant en ligne de compte d'une part le plus grand nombre d'exemples que l'Histoire nous présente, & déduction faite de l'autre du prix que nous payons souvent pour notre expérience, la valeur de la premiere augmente à proportion. *J'ai rapporté ces choses* (dit Polybe, après avoir rendu compte de la défaite de Regulus) *afin que ceux qui liront ces Commentaires puissent en faire leur profit ; car tous les hom-*

mes ont deux moyens de se perfectionner, l'un résulte de leur propre expérience, & l'autre de l'expérience des autres. Il est vrai que l'expérience tirée de nos propres malheurs est plus évidente ; mais celle que nous puisons dans les malheurs d'autrui est plus sure. * Polybe poursuit & conclut que puisque le premier de ces moyens nous expose à beaucoup de peines & de risques, tandis que le second produit les mêmes bons effets sans être accompagné d'aucune circonstance fâcheuse, chacun doit tenir pour constant que l'étude de l'Histoire est la meilleure Ecole où l'on puisse apprendre à se conduire dans toutes les situa-

---

* *Evidentior quidem illa est, quæ per propria ducit infortunia, at tutior illa quæ per aliena.* J'ai suivi la traduction Latine de Casaubon.

tions

tions de la vie. En effet Regulus avoit vû à Rome beaucoup d'exemples de magnanimité, de frugalité, de mépris des richesses, & d'autres vertus; aussi pratiqua-t'il toutes ces vertus. Mais il n'avoit pas appris, ni eu occasion d'apprendre une autre leçon que les exemples rapportés dans l'Histoire inculquent fréquemment, la leçon de la modération. Une soif insatiable de gloire Militaire, une ambition effrénée d'étendre l'Empire de sa Patrie, une confiance extravagante dans son courage & dans ses forces, un mépris insolent de ses ennemis, & une ardeur impétueuse à poursuivre toutes ses entreprises, formoient alors le caractére distinctif d'un Romain: tout ce que le Sénat & le Peuple avoient décidé paroissoit à tous les

LETTRE II.

Citoyens de cette République également juste & praticable : ni difficultés, ni dangers ne pouvoient les arrêter ; & leurs Sages ne leur avoient pas encore montré que les vertus portées dans l'excès dégénerent en vices. Nonobstant la belle saillie qu'Horace met à la bouche de Regulus, je ne doute aucunement qu'il n'ait reçu à Carthage des leçons de modération qu'il n'avoit pas reçues à Rome ; mais il les apprit par expérience, & les fruits de cette expérience vinrent trop tard & coûterent trop cher ; car il en coûta la défaite totale de l'Armée, la prolongation d'une guerre fatale que l'on auroit pû finir par une paix glorieuse, la perte de la liberté à des milliers de Citoyens Romains, & à Regulus lui-même la perte de la vie au milieu des tourmens (si nous devons prendre tout-à-fait à la lettre ce qui peut être une exaggération dans les Auteurs Romains.)

L'étude de l'Histoire a encore un avantage, qui mérite beaucoup d'attention, & dont je vais vous entretenir, non-seulement à cause de son importance, mais parce qu'il me conduit immédiatement à spécifier les progrès que nous devons avoir en vûe, & à proposer la méthode qu'il me semble que nous devons suivre pour y parvenir : deux points dont vous trouvez peut-être déja, Monsieur, que je me suis trop écarté par mes digressions. L'avantage que j'entens consiste en ce que les exemples que l'Histoire nous présente, tant des hommes que des événemens, sont ordinairement complets; tout l'exemple est exposé devant nous & par conséquent toute la leçon, & quelquefois plusieurs différentes leçons que la Philosophie nous apprend à tirer d'un seul exemple. Premierement, quant aux hommes: nous les voyons de la tête aux pieds dans l'Histoire, & nous les voyons généralement parlant au travers d'un milieu plus pur & moins partial que celui de l'expérience; car je m'imagine que dans le siécle dernier un Wigh ou un Tory auroit condamné dans Saturninus l'esprit de faction auquel il applaudissoit dans ses propres Tribuns, & qu'il auroit applaudi dans Drusus à l'esprit de modération qu'il méprisoit dans les gens d'un parti contraire au sien, & qui lui étoit suspect & odieux dans ceux de son propre parti. Le scélérat qui en a imposé aux hommes par son autorité ou par son adresse, & que l'expérience n'a pû démasquer pendant long-tems, est démasqué à la fin ; & l'honnête homme qui a été méconnu & décrié, est justifié avant la fin de son Histoire : ou, si cela n'arrive pas, si le scélérat meurt avec son masque sur le visage au milieu des applaudissemens, des honneurs, des richesses & de l'autorité ; & si l'honnête homme meurt accablé du même fardeau de calomnie & de disgrace sous lequel il a vécu, peut-être même dans l'exil & exposé à l'indigence ; nous voyons toutefois que la justice historique s'exécute, que le nom de l'un est flétri avec ignominie, & celui de l'autre célébré par des panégyriques dans les siécles suivans. Il me semble que le principal objet des Annales est de ne point laisser dans l'oubli les actes de vertu ; & de réprimer les paroles & les actions vicieuses, par la crainte de la postérité & de l'infamie. * Ainsi selon Tacite & selon la vérité (dont il s'écarte rarement dans ses jugemens) le principal devoir de l'Histoire est d'ériger un Tribunal pareil à celui des Egyptiens dont parle Diodore, où les hommes & les Princes même soient jugés, & condamnés ou absous après leur mort ; où ceux qui n'ont pas été punis pour leurs crimes, ou honorés pour leurs vertus, reçoivent une juste rétribution. La sentence est prononcée dans un cas,

* Præcipuum munus Annalium reor, ne virtutes sileantur ; ut que pravis dictis factisque, ex posteritate & infamiá metus sit.

comme elle l'étoit dans l'autre, trop tard pour corriger ou pour récompenser ; mais elle est prononcée à tems pour faire de ces exemples une instruction générale à tous les hommes. Ainsi Ciceron (afin de citer un exemple entre mille, & de rendre justice en même-tems au fond du caractere de ce grand homme, dont j'ai censuré si librement une foiblesse particulière) Ciceron, dis je, fut abandonné par Octavius & mis à mort par Antoine : mais il n'y a qu'à lire ce fragment d'Arellius Fuscus, & choisir ensuite qui on desireroit avoir été, de l'Orateur ou du Triumvir. *Tant que le genre humain ne sera pas anéanti, tant que les lettres seront cultivées & que la gloire sera le prix de la sublime éloquence, tant que la nature ou l'état de ce monde* subsistera, ou que la mémoire s'en conservera, vous vivrez dans la postérité, admirable génie ; & proscrit dans un siécle, vous proscrirez Antoine dans tous les autres. *

En second lieu, quant aux événemens qui sont rapportés dans l'Histoire : nous les voyons tous à la fois ; nous voyons comme ils se succédent l'un à l'autre, ou comme ils se produisent l'un l'autre; nous voyons l'enchaînement des causes & des effets, prochains ou éloignés : nous sommes rejettés, pour ainsi dire, dans les siécles précédens; nous vivons avec les

---

* *Quoad humanum genus incolume manserit, quamdiù usus literis, honor summæ eloquentiæ pretium erit, quamdiù rerum natura aut fortuna steterit, aut memoria dura verit, admirabile posteris vigebis ingenium, & uno proscriptus sæculo, proscribes Antonium omnibus!*

hommes qui ont vécu avant nous, & nous habitons des pays que nous n'avons jamais vus. Les lieux s'étendent, les tems s'allongent de cette façon; de sorte que l'homme qui s'applique de bonne heure à l'étude de l'Histoire peut acquérir en peu d'années, & avant que de mettre le pied dans le monde, non seulement une connoissance plus étendue des hommes, mais encore une expérience de plus de siécles qu'aucun des Patriarches n'en a vû. Les événemens dont nous sommes témoins dans le cours de la plus longue vie nous paroissent très-souvent uniques, imprévus, détachés & isolés; on les appelle accidens, & on les regarde comme les effets du hasard (expression d'un usage très-ordinaire, mais qui n'a aucun sens déterminé) : nous surmontons la difficulté présente, nous faisons valoir le mieux que nous pouvons des avantages passagers, & nous ne voyons pas plus loin. En effet l'expérience ne sauroit nous mener plus loin ; car elle ne peut pas remonter bien haut pour découvrir les causes ; & les effets ne sont les objets de l'expérience, qu'après l'événement. De là proviennent nécessairement beaucoup d'erreurs dans les jugemens, & conséquemment dans la conduite. Et c'est aussi en cela que consiste la différence dont il est question entre l'Histoire & l'expérience ; du côté de la premiere, il y a un double avantage. Dans l'Histoire ancienne, comme nous l'avons déja dit, les exemples sont complets, au lieu qu'ils sont incomplets dans le cours de l'expérience : l'on voit le commencement, le progrès & la fin, non seulement de chaque regne, & à plus forte raison de chaque entreprise ou systême de politique, mais des Nations, des Empires, des Républiques & de tous les différens systêmes qui se sont succédés l'un à l'autre dans le cours de leur durée. Dans l'Histoire moderne, les exemples peuvent être, & sont quelquefois incomplets ; mais dans ce cas-là même, ils ont au moins cet avantage, qu'ils servent à rendre complets les exemples de notre tems. L'expérience est doublement défectueuse ; nous sommes nés trop tard pour voir le commencement de beaucoup de choses, & nous mourons trop tôt pour en voir la fin. L'Histoire supplée à ces deux inconveniens: l'Histoire moderne nous montre les causes, quand l'expérience ne nous présente que les effets ; & l'Histoire ancienne nous apprend à deviner les effets, quand l'expérience ne nous présente que les causes. Permettez-moi d'éclaircir ma pensée par deux exemples, un pour chacune de ces deux especes ; l'un passé, l'autre actuellement présent.

Quand la révolution de 1688 arriva, je m'imagine qu'il y eut peu de gens dans ce tems-là, qui, pour en rechercher les causes, portassent leurs vues plus haut que l'entreprise extravagante du Roi Jaques contre la Religion de son Peuple & la liberté de sa Patrie. Sa conduite précédente & les événemens du regne de Charles second pouvoient avoir laissé les cœurs de quelques personnes encore ulcérés : mais on ne sauroit mettre cela en ligne de compte parmi les causes de sa déposition, puisque nonobstant cela il avoit succédé paisiblement au Trône, & que la Nation en général, & plusieurs même de ceux qui avoient eu envie de l'en exclure, desiroient, ou au moins n'auroient pas été fâchés qu'il s'y maintînt. Or cet exemple, ainsi consideré, fournit sans doute une excellente instruction aux Rois & au Peuple de la Grande Bretagne : Mais cette instruction n'est pas entiere, parce que l'exemple, ainsi consideré & borné à l'expérience de ce tems, est imparfait. La mauvaise administration du Roi Jaques fit paroître la révolution nécessaire, & la rendit praticable ; mais cette mauvaise administration, aussi bien que toute sa conduite précédente, provenoit de son attachement aveugle au Pape & aux principes du despotisme, dont aucun avertissement n'avoit pû le ramener ; cet attachement tiroit son origine de l'exil de la Famille Royale ; cet exil avoit son principe dans l'usurpation de Cromwel ; & l'usurpation de Cromwel avoit été occasionnée par une rébellion précédente, commencée non sans fondement par rapport à la liberté, mais sans aucun prétexte valable par rapport à la Religion. Durant cet exil, nos Princes avoient pris une teinture de Papisme & de politique étrangere. Nous les avions rendus incapables de nous gouverner, & ensuite nous avions été obligés de les rappeller, afin qu'ils puſſent nous délivrer de l'Anarchie. Ainſi vous le voyez, Monſieur, il étoit néceſſaire au tems de la révolution, & il l'eſt encore davantage à préſent, de remonter dans l'Hiſtoire, au moins autant que je l'ai fait, & peut-être même juſqu'au commencement du regne de Jaques premier, pour faire de cet événement un exemple complet, & pour développer toutes les ſages, juſtes & ſalutaires inſtructions qu'il renferme, tant pour les Rois que pour les Sujets.

L'autre exemple ſera tiré de ce qui a ſuivi la Révolution. Peu de gens alors virent aſſez loin devant eux, pour prévoir les conſéquences néceſſaires des nouvelles créations de revenus que l'on imagina immédiatement après, & qui, tout abſurdes qu'elles sont, se sont toujours maintenues depuis, jusqu'à ce qu'il soit devenu presque impossible de les réformer : Peu de gens, dis-je, prévirent combien la création des fonds & la multiplication des taxes accroîtroit d'année en année la puissance Royale, & entraîneroit nos libertés par une progression naturelle & inévitable dans un danger plus réel, quoique moins apparent, que celui auquel elles étoient exposées avant la Révolution. La mauvaise économie qui qui fut excessive dès le commencement du regne de Guillaume I, & qui creusa la source de tous les maux que nous ressentons aujourd'hui, & de tous ceux que nous avons à craindre, ne fut pas l'effet de l'ignorance, de l'imprudence, ou de ce qu'on appelle hasard :

hasard, mais d'un dessein & d'un plan concerté de la part de ceux qui tenoient alors les rênes du Gouvernement. Je ne suis cependant pas assez peu charitable pour croire qu'ils eussent dessein de plonger leur Patrie dans tous les malheurs qui sont fondus sur nous depuis, & dont nous nous voyons encore menacés. Non, ils virent les mesures qu'ils prenoient simplement & sans conséquence, ou tout au plus relativement à quelque objet prochain & immédiat. L'idée d'attacher les gens au nouveau Gouvernement en les tentant d'y associer leurs fortunes, fut pour quelques-uns une raison d'état: l'idée de former un nouveau parti, celui des Rentiers pour opposer à celui des Propriétaires des terres, ou pour le balancer, & d'acquerir plus de crédit & d'autorité, au moins dans la Ville de Londres, par l'établissement des grandes sociétés, fut pour d'autres une raison de faction; & je ne fais point de doute que la facilité d'amasser des biens immenses par le maniement des fonds publics, par le trafic du papier, & par toutes les manœuvres de l'Agiot, ne fût une raison d'intérêt personnel, sinon pour ceux qui imaginerent cette œuvre d'iniquité, au moins pour ceux qui la soutinrent & l'accréditerent. Ils ne virent pas plus loin; & nous-mêmes qui les avons suivis & qui avons longtems gouté des fruits amers de la corruption qu'ils introduisirent: il s'en faut beaucoup que nous n'ayons pris sur nos malheurs & sur nos dangers l'allarme aussi vive qu'ils le mériroient, jufqu'à ce que les dernieres & les plus fatales conféquences des établiffemens faits par la génération précédente, ayent été fur le point de devenir un objet d'expérience pour celle-ci. Je fuis fûr que vous voyez tout d'un coup, Monfieur, comment des réflexions convenables fur les événemens des tems paffés, tels qu'ils font rapportés dans nos Hiftoires, & dans celles des pays étrangers, auroient détourné un Peuple libre de confier abfolument & fans aucune réferve à fon fouverain Magiftrat, le maniement d'un fi grand revenu & la nomination des légions d'Officiers qui font employés au recouvrement. En effet, il ne reftoit aucun prétexte pour en ufer ainfi depuis que l'on avoit affigné au Prince des émolumens fixes,

E ij

puisqu'on ne pouvoit plus en aucun sens appeller les revenus publics ses revenus, ni la dépense publique sa dépense. Permettez-moi d'ajouter qu'il auroit été, & seroit toujours plus décent à l'égard du Prince, & moins opposé, pour ne pas dire plus conforme aux principes & à la pratique de notre Gouvernement, d'ôter au Roi ce crédit & cette autorité, ou de la partager avec lui, que d'exclure du Parlement des gens choisis par leurs Concitoyens pour les y représenter, & cela par la seule raison que le Prince les employe & a confiance en eux.

Vous voyez, Monsieur, comment une mure réflexion sur l'expérience des autres siécles & des autres pays, nous auroit non-seulement fait toucher au doigt la corruption générale de la Nation comme une conséquence directe & inévitable de la faute que l'on faisoit d'attribuer sans réserve à la Cour le maniment d'un si grand revenu ; mais aussi la perte de notre liberté comme une conséquence directe & inévitable de la corruption générale.

Ces deux exemples expliquent suffisamment ce que je m'étois proposé d'éclaircir. Il ne me reste donc plus sur ce point qu'à vous rappeller la différence qu'il y a entre les deux manieres dont l'Histoire supplée aux défauts de notre propre expérience. Elle nous montre les causes telles qu'elles ont été réellement avec leurs effets prochains ; & elle nous met en état de deviner les événemens futurs ; on ne sauroit faire davantage dans l'ordre de la nature. Mylord Bacon dans son second Livre de l'avancement des Sciences (faisant sans doute allusion à ce que Philon & Josephe ont avancé au sujet de Moyse) assure que l'Histoire Divine a cette prérogative que la narration peut également précéder le fait ou le suivre. Mais comme les tems des Prophéties sont passés, il faut que nous nous contentions de conjecturer ce qui sera par ce qui a été ; nous n'avons point d'autres moyens en notre puissance, & c'est l'Histoire qui nous fournit ceux-ci. La manière de les acquérir, de les cultiver & de les appliquer sera déduite plus particuliérement dans une autre Lettre.

LETTRE TROISIE'ME,

1. *Réponse à une Objection que l'on peut faire contre l'utilité de l'Histoire.*
2. *Des vues fausses ou judicieuses de ceux qui l'étudient.*
3. *De l'Histoire des premiers siécles, avec des Réflexions sur l'état de l'ancienne Histoire, tant Profane que Sacrée.*

1. SI ces Lettres, Monsieur, venoient à tomber entre les mains de quelqu'un de ces beaux esprits qui font l'ornement de notre siécle, votre correspondant seroit bien bafoué sur son projet de faire servir l'étude de l'Histoire à rendre les hommes plus sages & plus vertueux. Les caractéres

des hommes, diroit-on, font déterminés par leur tempéramment, & leurs actions particulieres par les objets préfens. On citeroit plufieurs perfonnes très-verfées dans l'Hiftoire qui n'en ont pas moins été de malhonnêtes gens ou de méchans politiques, & on en produiroit une longue lifte d'autres qui ont fait les plus grands progrès en tout genre de vertus fans aucun fecours de cette efpece. J'ai déja dit quelque chofe pour prévenir cette objection ; mais parce que j'ai entendu diverfes perfonnes avancer de telles propofitions avec beaucoup de confiance, avec de grands éclats de rire ; ou un fouris mocqueur pour ceux qui avoient la préfomption de penfer autrement qu'eux, trouvez bon, Monfieur, que j'employe quelques paragraphes à montrer que cette objection (malgré le ton affirmatif de ces Messieurs qui décident au lieu de raisonner) ou prouve trop, ou ne prouve rien.

Si notre tempéramment déterminoit absolument notre caractere comme il y influe certainement, & si l'objet présent déterminoit de même nos actions particulières, toute instruction par les préceptes, aussi-bien que par les exemples, & toute application à former le caractere moral par l'éducation, seroit inutile : même le peu de soin que l'on prend pour élever notre jeunesse seroit encore de trop, quoique assurément on n'en puisse prendre moins. Mais la vérité est extrêmement différente de ce portrait que l'on en fait; car qu'est-ce que le vice, & qu'est-ce que la vertu ? (je prens ces mots dans un sens étendu & philosophique) L'un n'est autre chose à mon avis, que l'excès, l'abus & la mauvaise application des inclinations, des désirs & des passions naturelles & innocentes, utiles même & nécessaires; l'autre consiste dans la modération & le gouvernement, l'usage & l'application de ces inclinations, de ces désirs & de ces passions, conformément aux principes de la raison, & par-là souvent contre leur propre mouvement aveugle.

Or qu'est-ce que l'éducation? (je parle de cette partie de l'éducation qui tend à former le caractere moral, partie principale & néanmoins la plus négligée). C'est selon moi une institution destinée à conduire les hommes, dès leur tendre jeunesse, par les préceptes & les exemples, par la raison & l'autorité à la pratique de ces regles & à l'habitude de les pratiquer. Il est vrai que plus nos inclinations, nos désirs & nos passions ont de force, plus la tâche de l'éducation est pénible : mais quand les efforts de l'éducation sont proportionnés à cette force, quoique nos inclinations & nos désirs les plus vifs, & nos passions dominantes ne puissent être réduites à une soumission paisible & uniforme, ne vient-on pas à bout au moins d'en moderer la violence, d'en détourner ou d'en réprimer jusqu'à un certain point l'abus & la mauvaise application ? Quoique le Pilote ne puisse calmer l'orage, ne peut-il pas par son art conduire mieux son vaisseau pendant la tempête, & souvent prévenir le naufrage qui auroit été inévitable sans lui? Si Alexandre, qui aimoit le vin & étoit naturellement emporté, eût été élevé sous la sévérité de la discipline Romaine, il est probable qu'il n'eût pas fait un feu de joie de Persepolis pour plaire à une Concubine, ni fait mourir son ami: si Scipion, qui étoit naturellement adonné aux femmes,* eût été élevé par Olympias à la Cour de Philippe, il n'est pas vraisemblable qu'il eût rendu la belle Espagnole; enfin si le célèbre Socrate n'eût pas corrigé la Nature par l'Art, ce premier Apôtre du Paganisme eût été, de son propre aveu, un libertin fieffé, car il étoit enclin à tous les

* On tire cette anecdote de l'autorité de Polybe, & de quelques vers de Nævius, conservés par Aulugelle.

vices que Zopyre lui imputa, dit-on, sur l'inspection de sa physionomie.

Ainsi, avec celui qui nie les effets de l'éducation, ce seroit en vain qu'on disputeroit; &, avec celui qui les admet, il ne sauroit y avoir de dispute sur la part que j'attribue à l'étude de l'Histoire, pour former notre caractere moral, & nous rendre plus honnêtes gens. Les mêmes personnes qui prétendent que nos inclinations ne peuvent être tenues en bride, ni nos habitudes corrigées contre notre penchant naturel, seroient peut-être les premiers à éprouver le contraire en certains cas. Un établissement à la Cour, ou les faveurs d'une Dame en ont engagé plusieurs à celer les vices auxquels ils avoient naturellement le plus de penchant ; or ils ne pouvoient les celer sans se contenir, ce qui est un acheminement à se corriger. Nous imaginerons-nous donc que la beauté de la vertu & la difformité du vice, les charmes d'une réputation brillante & durable, la crainte d'être dénoncés comme criminels à toute la postérité, l'avantage réel qui résulte du témoignage d'une conscience quitte de tous ses devoirs envers le prochain ; (avantage que la fortune ne peut empêcher ni ravir) enfin la justice qu'il y a à nous conformer nous - mêmes aux desseins de Dieu manifestés dans la constitution de la nature humaine; que toutes ces considérations, dis-je, ne soient pas capables d'acquerir autant d'autorité sur ceux qui sont continuellement incités à les contempler (comme font ceux qui s'appliquent à l'étude de l'Histoire), que d'autres motifs bas & sordides, en comparaison de ceux-là, en peuvent usurper sur les autres hommes.

II. Je suis déja convenu que l'étude de l'Histoire, loin de nous rendre plus sages & plus utiles Citoyens, comme plus honnêtes gens, pouvoit ne nous procurer aucun avantage; qu'elle pouvoit servir à faire de nous de purs Antiquaires, ou de vains Erudits, ou qu'elle pouvoit nous aider à devenir des sots suffisans ou des Pedans babillards. Mais ce n'est pas la faute de l'Histoire, & pour nous en convaincre, nous n'avons besoin que de faire contraster le véritable usage de l'Histoire, avec celui que de telles gens en font. Nous devons avoir

toujours présent à l'esprit, que l'Histoire est une Philosophie qui nous enseigne, par des exemples, comment il faut nous conduire dans toutes les situations de la vie privée & de la vie publique ; que nous devons par conséquent nous y appliquer avec un esprit & une méthode philosophique, nous élever des connoissances particuliéres aux connoissances générales, & nous rendre propres à la société & aux affaires du monde, en accoutumant nos esprits à réfléchir & méditer sur les caracteres que nous y trouvons décrits & sur le cours des événemens que nous y trouvons rapportés. Les exemples particuliers peuvent quelquefois être d'usage dans des cas particuliers, mais l'application en est dangereuse ; si on ne la fait avec
une

une extrême circonspection, rarement la fera-t'on avec succès; & cependant à voir ce qui a été écrit sur ce sujet, il sembleroit que ce fût le principal usage de l'étude de l'Histoire. Je ne sais si Machiavel lui-même est tout-à-fait irrépréhensible sur ce point: il semble pousser quelquefois trop loin l'usage & l'application des exemples particuliers. Marius & Catulus passerent les Alpes, allerent à la rencontre des Cimbres & les battirent hors des frontières de l'Italie; peut-on conclure surement de là que toutes les fois qu'un Peuple est attaqué par un autre, celui dont le pays est menacé d'une invasion doive aller au-devant des aggresseurs & les combattre à quelque distance de ses frontières? Guichardin étoit plus en garde que son compatriote contre le danger qui résulte d'une telle application des exemples. Les guerres avec le Pape & le Roi de Naples ayant réduit Laurent de Médicis en une situation très-périlleuse, il prit la résolution d'aller trouver Ferdinand & de traiter en personne avec ce Prince. Dans l'Histoire, cette résolution paroît imprudente & presque d'un désespéré; si nous étions informés des raisons secretes qui firent agir ce grand homme, il est très-croyable qu'elle nous paroîtroit une démarche sage & sans danger; elle réussit, & Laurent rapporta avec lui la paix publique & sa sureté particulière. Au commencement de ces guerres qui ont si long-tems désolé l'Italie, où Louis Sforce attira les François en flattant l'ambition de Charles VIII, afin de pouvoir assouvir la sienne propre, Pierre de Médicis fils de Laurent se trouva dans de terribles embarras, qu'il ne pouvoit imputer qu'à sa folie pour s'être écarté du plan général de conduite que son pere avoit tenu, & se flatta vainement de s'en relever en imitant l'exemple de son pere dans un cas particulier. Aussi-tôt que les Troupes Françoises entrerent sur le territoire de Florence, Pierre fut frappé d'une terreur panique, vint trouver Charles VIII & remit entre les mains de ce Prince le Port de Ligourne, les Châteaux de Pise & toutes les clefs du Pays, par où il désarma la République de Florence & se ruina lui-même; il fut privé de son autorité & chassé de la Ville par la juste indignation des Magistrats & du Peuple; & dans le Traité qu'ils firent ensuite avec le Roi de France, il fut stipulé que Pierre ne pourroit demeurer en deça de cent milles des frontières de l'Etat, ni ses freres à une moindre distance de la Ville de Florence. A cette occasion Guichardin observe combien il est dangereux de nous gouverner par des exemples particuliers, puisque pour avoir le même succès il faudroit avoir la même prudence & la même fortune, & que l'exemple répondit au cas qui se présente à nous, non-seulement en général mais jusques dans les moindres circonstances. *

* Tel est le sens de cet admirable Historien, & voici ces paroles : *e senza dubio molto pericoloso il governarsi con gl' esempi, se non concorrono, non solo in generale, ma in tutti i particulari, le medesime ragioni; se le cose non sono regolate con la medesima prudenza & se*

Une observation que fait un célébre Ecrivain François, & une régle qu'il donne en parlant des Traductions, se trouveront ici fort à leur place & serviront à éclaircir de plus en plus ce que je m'étois proposé d'établir. » C'est s'y prendre fort mal que
» de traduire servilement un ancien
» Auteur en une Langue vulgaire fra-
» se à frase, mot à mot ; rien ne sau-
» roit être moins ressemblant à l'ori-
» ginal qu'une telle copie. Ce n'est
» pas représenter un Auteur, c'est le
» déguiser ; & qui ne l'a vû que dans
» cet équipage ne le reconnoîtroit pas
» dans le sien propre. Un bon Ecri-
» vain au lieu de se proposer une tâ-
» che si vile & si infructueuse, se plaît

oltre à tutti li altri fondamenti , non v'ha la parte sua la medesima fortuna.

» à joûter contre l'original, il veut
» imiter plutôt que de traduire, &
» plutôt concourir qu'imiter : il tâche
» de faire passer dans son propre ou-
» vrage le sens & l'esprit de l'origi-
» nal, & s'étudie à écrire comme au-
» roit fait l'ancien Auteur, s'il eût
» écrit dans la même Langue. » Or se
former par des exemples, c'est se former par imitation ; il faut en saisir l'esprit, si nous le pouvons, & en pénétrer
les raisons pour nous y conformer; mais
il ne faut pas affecter de traduire servilement en notre conduite (passez-
moi cette expression, Monsieur) la
conduite particulière de ces grands
& excellens hommes dont l'Histoire
retrace les images à nos yeux. Codrus
& les Decius se dévouerent eux-mêmes à la mort : l'un parce qu'un Ora-

cle avoit prédit que l'Armée dont le Général seroit tué remporteroit la victoire ; les autres pour se prêter à une superstition qui avoit beaucoup d'analogie avec une cérémonie de l'ancien Rituel des Egyptiens & de quelques autres Peuples Orientaux, ce sont des exemples d'une grande magnanimité assurément, & d'une magnanimité employée dans la plus digne cause. Dans les premiers tems des Républiques d'Athenes & de Rome, lorsque les Oracles & les superstitions de toute espece étoient en crédit, lorsqu'on croyoit pieusement que le ciel se plaisoit dans le sang, & que l'on répandoit même le sang humain sous de folles idées de propitiation, de purification, d'expiation & de satisfaction ; ceux qui donnoient de tels exemples faifoient un acte héroïque & qui ne paroiſſoit point déraiſonnable. Mais ſi un Général vouloit faire aujourd'hui le même perſonnage., & qu'afin d'aſſurer ſa victoire il cherchât à ſe faire tuer le plutôt qu'il lui ſeroit poſſible ; peut-être pourroit-il paſſer pour un Héros, mais je ſuis ſûr qu'il paſſeroit pour un fou. Néanmoins ces exemples-là même ſont utiles : ils nous excitent au moins à expoſer notre vie de bonne grace pour le ſervice de notre Patrie, en nous propoſant à imiter des gens qui ſe ſont dévoués à une mort certaine pour le ſervice de la leur ; ils nous montrent ce qu'un certain tour d'imagination peut opérer, & combien d'ardeur & de confiance peut inſpirer au ſein de la multitude la plus grande fadaiſe, j'oſe même dire la plus grande abſurdité ſoutenue des airs pompeux de la ſuperſtition.

Il y a certains principes généraux, & certaines regles de vie & de conduite qui doivent être toujours vrais parce qu'ils ſont conformes à la nature invariable des choſes. Celui qui étudie l'Hiſtoire comme il étudieroit la Philoſophie, les diſtinguera & les recueillera bientôt, & par ce moyen ſe formera lui-même en peu de tems un ſyſtême général de morale & de politique, établi ſur les plus ſûrs fondemens, ſur le jugement que l'on a porté de ces principes & de ces regles dans tous les ſiécles, & qui a été confirmé par une expérience univerſelle. Je dis qu'il les diſtinguera, car il faut que je le repete encore, quant aux mœurs particulieres, aux coutumes singulieres & aux usages propres, & pour ainsi dire consacrés aux différens pays, aux différens siécles, & aux différentes conjonctures; il est toujours ridicule, ou imprudent & dangereux de les employer. Mais ce n'est pas le tout: en contemplant la variété infinie de caracteres & d'évenemens particuliers; en examinant les étranges combinaisons de causes différentes, éloignées & opposées en apparence, qui concourent souvent à produire un même effet, & la prodigieuse fécondité d'une cause seule & uniforme qui produit une multitude d'effets si différens; si éloignés & si opposés en apparence; en suivant pas à pas (avec autant d'attention que si le sujet qu'on considére nous intéressoit personnellement &

immédiatement) toutes les petites &
presque imperceptibles circonstances,
soit dans les caracteres des Acteurs,
ou dans le cours des actions, dont
l'Histoire nous met à portée de suivre la trace & dont l'enchaînement
détermine ordinairement le succès des
affaires, & même des plus grandes ;
par ces moyens & autres semblables
(sur quoi je pourrois descendre en
un beaucoup plus grand détail) un
homme de bon sens peut faire servir
l'étude de l'Histoire à son propre &
principal usage ; il peut aiguiser la pénétration & fixer l'attention de son
esprit, & fortifier son jugement ; il peut
acquérir la faculté & l'habitude de discerner plus promptement, & de porter ses vues plus loin, & de se conduire avec toute la fléxibilité & la fer-

meté qu'il est nécessaire de réunir dans le maniement des affaires qui dépendent du concours ou de l'opposition des autres hommes.

M. Locke recommande l'étude de la Géometrie à ceux-là même qui n'ont pas dessein d'être Géometres; & il en donne une raison qui peut être appliquée au cas présent : ces personnes peuvent oublier tous les problêmes qu'on a proposés, & toutes les solutions qu'eux ou d'autres ont données ; mais l'habitude de suivre de longues chaînes d'idées leur restera toujours, & ils perceront au travers des labyrintes d'un Sophisme, & découvriront une vérité cachée, là où des personnes qui n'ont pas acquis cette habitude ne la découvriroient jamais. C'est ainsi que l'étude de l'Histoire nous prépare à l'action & à l'observation. L'Histoire est l'ancien Auteur, l'expérience est la Langue moderne; nous formons notre goût sur celui de notre Auteur, nous en exprimons le sens & la raison, nous en transférons l'esprit & la force : mais nous imitons seulement les graces particulieres de l'original, & nous les imitons conformément à l'Idiome de notre propre Langue, c'est-à-dire, que nous substituons souvent des équivalens à leur place, sans aucune affectation de les copier servilement. Pour conclusion, je dis que comme l'expérience a pour objet le présent, & que le présent nous rend capables de prévoir l'avenir; ainsi l'Histoire a pour objet le passé, & la connoissance de ce qui a été nous rend plus capables de juger de ce qui est.

Cet usage, Monsieur, que je regarde comme l'usage propre & principal de l'étude de l'Histoire, n'a pas été beaucoup recommandé par ceux qui ont écrit sur la méthode qu'il faut suivre en cette étude; & puisque nous nous proposons différentes fins, il étoit naturel que nous suivissions différentes voies. Peu de leurs traités sont tombés entre mes mains; je me souviens d'en avoir lu un, c'est la méthode de Bodin, homme fameux en son tems; j'ouvris ce Livre avec une grande attente, (il y a déja plusieurs années) je le parcourus, & mes espérances furent bien frustrées. Il auroit pû donner presque tout autre titre à son Livre aussi justement que celui qu'il porte. Il n'y a gueres de pages qui aient plus de rapport à son sujet que l'ennuyeux Chapitre V, où il explique les divers caracteres des Nations, suivant leurs positions sur le Globe, & suivant l'influence des étoiles, & assure son Lecteur que rien n'est plus nécessaire qu'une telle recherche, *pour acquerir une connoissance universelle des Histoires, & pour en juger sainement* *. Suivant sa méthode, nous devons prendre d'abord une idée générale de l'Histoire universelle & de la Chronologie en de courts abrégés, & étudier ensuite toutes les Histoires & les systêmes particuliers. Sénéque parle de gens qui emploient toute leur vie à amasser dequoi vivre **. J'aurois peur que cette

---

* *Ad universam Historiarum cognitionem, & incorruptum earum judicium.*
** *Dum vitæ instrumenta conquirunt.*

Méthode de Bodin ne nous fît prendre le même chemin, ou quelque autre aussi mauvais, qu'elle ne nous laissât point de tems pour agir, ou qu'elle ne nous y rendît malhabiles. Un très-gros recueil où l'on auroit ramassé toutes les paroles & les faits remarquables qui se trouvent dans l'Histoire pourroit mettre un homme en état de parler ou d'écrire comme Bodin, mais jamais il ne le rendroit plus honnête homme, ni plus capable de procurer, en bon Citoyen, la sureté, la paix, la prospérité ou la grandeur de la société à laquelle il appartient. C'est pourquoi je continuerai de vous entretenir d'une Méthode qui conduise directement & sûrement à un tel but, sans avoir aucun égard à celles que d'autres ont prescrites.

Je

Je pense donc que nous devons être sur nos gardes contre cette affectation même de savoir, & ce rafinement de curiosité, auxquels on a eu la complaisance d'ajuster les préceptes & les exemples qui se rencontrent communément. Nous devons également éviter de rester trop longtems dans les ténèbres, & de nous écarter au point de ne plus reconnoître notre chemin en plein jour. Nous sommes trop sujets à pousser les systêmes philosophiques au-delà de toutes nos idées, & les systêmes historiques au-delà de tous nos Mémoires. Le Philosophe commence par la raison & finit souvent par l'imagination. L'Historien renverse cet ordre; il commence sans aucuns Mémoires, & finit quelquefois avec des Mémoires. Cette sotte coutume est si bien établie parmi les Gens de Lettres qui s'appliquent à l'étude de l'Histoire, & est soutenue de tant de préjugés & d'une telle autorité, qu'il faut que vous me permettiez, Monsieur, de m'expliquer un peu plus particuliérement & plus clairement que je n'ai encore fait en faveur du sens commun contre une absurdité qui est presque consacrée.

III. Réflexions sur l'état de l'ancienne Histoire.

La nature de l'homme & le cours constant des affaires humaines ne permettent pas que les premiers siécles d'aucune nouvelle Nation qui se forme d'elle-même, fournissent des matériaux autentiques pour l'Histoire. Nous n'en avons aucun de cette espéce sur les origines des Nations qui subsistent actuellement ; nous attendrons-nous d'en trouver sur les origine de celles qui sont dispersées ou détruites depuis deux ou trois mille ans ? Si donc d'un fil de traditions obscures & incertaines, l'on en veut faire, comme cela se pratique communément, une introduction à l'Histoire, il faut que nous y touchions délicatement & que nous glissions légérement dessus, loin d'y insister soit comme Auteurs ou comme Lecteurs. Tout ce qu'on peut dire de mieux de telles introductions, c'est qu'elles ressemblent à ces préludes bizarres qu'on joue pour essayer les instrumens en attendant le concert : on seroit tenté de croire qu'il faut n'avoir ni jugement, ni goût pour prendre les unes pour une vraie Histoire, ou les autres pour une vraie harmonie ; & cependant c'est ce que l'on a fait & ce que l'on fait encore, non-seulement en Allemagne & en Hollande, mais même en Italie, en France & en Angleterre, où l'on ne manque point de génie, & où le goût s'est épuré depuis long-tems. Nos Savans se sont livrés & se livrent aux Fables au moins autant que nos Poëtes, avec cette différence au désavantage des premiers que *leur folie est plus triste : ceux-ci font profession de s'amuser, ceux-là croyent s'occuper de quelque chose.* * Des hommes éclairés, vivans dans des siécles éclairés & curieux, qui possédoient plusieurs avantages que nous n'avons pas, & entre autres celui d'être placés tant de siécles plus près des vérités primitives

---

* *Tristius inepti sunt : illi ex professo lasciviunt, hi agere seipsos aliquid existimant.* Senec.

qui font l'objet d'une si laborieuse recherche, ont défespéré de les découvrir, & ont donné à la postérité de bons avis dont il est fâcheux qu'elle n'ait pas voulu profiter. Les anciens Géographes, (comme dit Plutarque dans la vie de Thesée) quand ils représenterent sur leurs Cartes la petite étendue de terre & de mer qui leur étoit connue, laisserent de grands espaces vuides; dans quelques-uns de ces espaces ils écrivoient, ici sont des déserts sablonneux; en d'autres ici sont des marais impraticables, ici est une chaîne de montagnes inhabitables, où ici est une mer Glaciale. C'est ainsi que lui-même & les autres Historiens, quand ils rapportoient des origines fabuleuses, ne manquoient pas de les reculer hors des bornes au-delà desquelles il n'y avoit ni Histoire ni Cronologie. Censorin nous a conservé la distinction des trois Eres établies par Varron. Ce savant Antiquaire Romain ne décidoit pas si la premiere période avoit eu un commencement, mais il en fixoit la fin au premier Déluge (qui étoit, selon lui, celui d'Ogyges) qu'il plaçoit quelques siécles plus tard que Jules Africain n'a jugé à propos de le placer depuis. A cette Ere d'obscurité totale, il supposoit qu'une sorte de crépuscule avoit succédé depuis le Déluge d'Ogyges jusqu'à l'Ere Olimpique, & c'est ce qu'il appelloit les tems fabuleux. Depuis cette Ere vulgaire (prise du tems que Corebus fut couronné Vainqueur, & long-tems après l'Ere véritable de l'institution de ces

Jeux par Iphitus) les Grecs prétendent pouvoir rédiger leur Histoire avec un peu d'ordre, de clarté & de certitude: c'est pourquoi Varron la regardoit comme le point du jour, ou le commencement des tems Historiques. Il pourroit bien l'avoir fait d'autant plus volontiers, que par ce moyen il renfermoit la date de la fondation de Rome qu'il avoit fixée lui-même * au dedans de la période depuis laquelle il supposoit que l'on pouvoit trouver la vérité Historique. Il est cependant très-certain que l'Histoire & la Cronologie des tems qui suivent immédiatement cette Ere sont presqu'aussi confuses & aussi incertaines que l'Histoire & la Chrono-

* Cette date avoit déja été fixée par Caton l'ancien.

logie des tems qui la précédent.

1. *Etat de l'ancienne Histoire Profane.*

Les Grecs ne commencerent à écrire en Prose que fort tard ; ce fut Pherecyde de Scyros qui en introduisit la coutume, & Cadmus de Milet fut leur premier Historien : or ces deux hommes florissoient long-tems après l'Ere Olympique vulgaire ; car Joseph assure avec beaucoup de probabilité que Cadmus de Milet & Acusilaus d'Argos, en un mot les plus anciens Historiens de la Gréce n'étoient guéres antérieurs à l'expédition des Perses contre les Grecs. Comme il se passa plusieurs siécles entre l'Ere Olympique & les premiers Historiens, il s'en passa encore plusieurs autres entr'eux & les premiers Cronologistes.

Tymée vers le tems de Ptolomée Philadelfe, & Eratosthene vers le tems de Ptolomée Evergete, semblent être les premiers qui ayent rangé suivant les Olympiades les événemens qu'ils rapportoient. Les Ecrivains précédens avoient quelquefois fait mention des Olympiades ; mais cette supputation réguliére ne fut pas constamment employée dans l'usage avant ce tems. Cette régle ne pouvoit servir à rendre l'Histoire plus claire & plus certaine jusqu'à ce qu'elle fût suivie ; & elle ne commença à l'être qu'environ cinq cens ans après l'Ere Olympique. Il ne reste donc aucun prétexte pour placer le commencement des tems Historiques aussi haut que Varron la plaça à cinq cens ans après.

Il est vrai qu'Hellanicus & quelques

autres prétendirent donner les origines des Villes & des Etats, & déduire leurs narrations dès la plus grande antiquité. Leurs Ouvrages sont perdus; mais nous pouvons juger combien cette perte est peu considérable par les Ecrits du même siécle qui nous restent, & par le rapport de ceux qui ont vû les autres. Par exemple, Herodote étoit contemporain d'Hellanicus : assurement Herodote étoit assez curieux, & il se proposa de publier tout ce qu'il pourroit apprendre des antiquités des Joniens, des Lydiens, des Phrygiens, des Egyptiens, des Babyloniens, des Medes & des Perses, c'est-à-dire, de presque toutes les Nations connues dans le monde de son tems. S'il écrivit des Assyriaques, nous ne les avons point; mais il est sûr que ce mot passa peu de tems après en proverbe pour signifier des récits fabuleux, lorsque le goût de publier de telles Relations & de telles Histoires se mit à la mode parmi les Grecs.

Dans les neuf Livres que nous avons d'Herodote, il est vrai qu'il remonte presque jusqu'à l'Ere Olympique (sans cependant en faire mention), mais il n'y remonte que pour conter un vieux conte d'un Roi qui perdit sa Couronne pour avoir fait voir sa femme nue à son favori; & du tems de Candaule & de Gygès, il court, ou plutôt il fait un grand saut jusqu'à Cyrus.

Il nous donne quelque chose qui ressemble assez à un fil d'Histoire des Medes & ensuite des Perses, jusqu'à la défaite de Xerxès, qui arriva de son propre tems. La relation des événemens de son tems, a l'air d'une Histoire ; mais tout ce qu'il rapporte des Grecs, aussi bien que des Perses, sur les tems antérieurs, & tout ce qu'il raconte par occasion des autres pays, est très-manifestement tiré de quelques restes de traditions estropiées, embrouillées & douteuses. Il n'avoit ni relations originales, ni mémoires autentiques pour le guider; & ce sont neanmoins les seuls fondemens d'une véritable Histoire. Hérodote florissoit, il me semble, un peu plus d'un demi siécle, & Xénophon un peu plus d'un siécle après la mort de Cyrus, & cependant combien de différence & de contrariétés entre les récits publiés par ces deux Historiens, de la naissance, de la vie, & de la mort de ce Prince. S'il avoit paſſé plus d'Hiſtoires de ces tems-là aux nôtres, leur incertitude & leur inutilité à toutes, n'en ſeroit que plus manifeſte. Nous trouverions qu'Acuſilaus rejetta les traditions d'Héſiode, qu'Hellanicus contredit Acuſilaus, qu'Ephore cenſura Hellanicus, que Tymée refuta Ephore, & que tous les Ecrivains poſtérieurs attaquerent Tymée. Tel eſt le rapport de Joſeph: Mais afin de faire voir l'ignorance & la mauvaiſe foi de tous ces Ecrivains, par qui les traditions de l'Antiquité profane ſont paſſées aux Grecs, je vous citerai, Monſieur, une autorité beaucoup meilleure que celle de Joſeph; l'autorité de quelqu'un qui n'avoit ni préjugés à quoi ſe plier, ni parti à défendre, ni ſyſtéme à établir, & à qui il ne manquoit d'ailleurs ni secours ni talens nécessaires pour faire un Juge compétent : l'homme que j'entens, c'est Strabon. Parlant des Massagetes dans son Livre XI, voici ce qu'il en dit, c'est : Que nul Auteur n'en avoit donné de relation véritable, quoique plusieurs eussent écrit de la guerre que Cyrus entreprit contre eux, & que les Historiens avoient trouvé aussi peu de croyance en ce qu'ils avoient rapporté touchant les affaires des Perses, des Médes & des Syriens ; Que c'étoit la juste rétribution de leur folie, parce qu'ayant observé que ceux qui faisoient profession d'écrire des fables, jouissoient d'une grande considération, ils s'imaginerent qu'ils rendroient leurs écrits plus agréables, si sous l'apparence & le prétexte d'une Histoire véritable, ils rapportoient ce qu'ils n'avoient ni vu ni appris de gens capables de leur fournir de bons mémoires, & qu'en conséquence leur unique but avoit été de composer des relations agréables & merveilleuses ; Qu'il vaudroit mieux se fier à Hésiode & à Homere quand ils parlent de leurs Héros, & même aux Poëtes Dramatiques, qu'à Ctesias, à Hérodote, à Hellanicus & autres semblables ; Qu'il n'y a pas même de sureté à croire la plus grande partie des Historiens qui ont écrit sur Aléxandre, parce que la grande réputation de ce conquérant, la distance des lieux où il avoit porté ses armes, & la difficulté de réfuter ce qu'ils diroient des actions qui s'étoient passées en des pays si éloignés, les encouragea aussi à se livrer à leur goût pour le mensonge; Qu'en effet, lorsque l'Empire Romain d'une part, & celui des Parthes de l'autre, vinrent à s'étendre, la vérité des choses commença à être mieux connue.

Vous voyez, Monsieur, combien les Grecs ont commencé tard à écrire l'Histoire, & combien plus tard ils ont commencé à l'écrire avec quelque attention pour la vérité; & par conséquent quels pitoyables matériaux les Savans qui parurent après le siécle d'Aléxandre eurent à employer quand ils essayerent de former des systêmes d'Histoire & de Cronologie ancienne. Il nous reste quelques Livres de Diodore de Sicile ce laborieux Compilateur; mais y trouvons-nous aucune

suite

suite d'Histoire ancienne ? (Je parle de celle qui passoit pour ancienne de son tems.) Quelles plaintes au contraire ne fait-il pas des Historiens précédens ? Avec quelle franchise n'avoue-t-il pas le peu de lumieres, foibles même & incertaines, qu'il avoit à suivre dans ses recherches. Cependant Diodore, aussi bien que Plutarque & les autres, avoient non seulement les Histoiriens Grecs plus anciens, mais encore des Antiquaires modernes par rapport à eux, qui prétendoient avoir recherché dans les Annales & les Registres des Nations renommées dès-lors pour leur Antiquité. Bérose, par exemple, & Manéthon, l'un Prêtre Babylonien, & l'autre Egyptien, avoient publié les Antiquités de leur pays au tems des

Ptolomées. Bérose prétendoit donner l'Histoire de 480 ans; Pline * en parle en ce sens dans le sixiéme Livre de son Histoire naturelle ; & si cela étoit ces 480 ans étoient probablement les années de Nabonassar. Manéthon commença son Histoire à tous hasards au départ d'Isis, ou à quelqu'autre Epoque aussi peu constante. Il suivit les traditions Egyptiennes des Dynasties de Dieux & de Demi-Dieux, & tira ses Anecdotes du premier Mercure qui les avoit inscrites en caracteres sacrés sur des colonnes avant le Déluge, d'où le second Mercure les avoit transcrites & insérées dans ses Ouvrages. Nous n'avons point ces Antiquités, (car le Moine faussaire de Vi-

---

* Si je m'en souviens bien, car je cite ceci de mémoire.

terbe fut bientôt démasqué) & si nous les avions, ou elles ajouteroient à notre incertitude & augmenteroient le cahos des Sciences, ou elles ne nous apprendroient rien qui méritât d'être su; car voici comme je raisonne : si elles avoient contenu des relations particuliéres & historiques, conformes aux Ecritures des Juifs; Joseph, Jules Africain & Eusebe en auroient fait de tout autres extraits dans leurs Ecrits, & les auroient moins altérées & contredites; donc les recits qu'elles contenoient étoient ou opposés au Texte sacré, ou tout-à-fait défectueux; elles auroient établi le Pyrronisme, ou frustré notre curiosité.

2. *De l'Histoire Sacrée.*

Quels Mémoires nous reste-t'il donc

pour nous éclairer sur les origines des anciennes Nations, & sur l'Histoire des tems que l'on appelle communément les premiers Ages du monde? La Bible, dira-t'on, c'est-à-dire, la partie Historique de l'Ancien Testament. Mais j'ose vous assurer, Monsieur, que même ces divins Livres vous paroîtront insuffisans à cet effet, si vous considérez attentivement & sans prévention, soit leur autorité en tant qu'Histoires, soit la matiére qu'ils contiennent.

Le Pere Simon dans sa Préface de l'Histoire Critique de l'Ancien Testament, cite un Théologien de la Faculté de Paris qui tenoit que les inspirations des Auteurs des Livres que l'Eglise a reconnus pour des Ouvrages Divins, ne s'étendoient qu'aux matiéres purement de Doctrine, ou à celles qui y avoient une relation prochaîne & nécessaire, & que quelque chose que ces Auteurs écrivissent sur d'autres sujets, tels que l'Histoire d'Egypte, ou d'Assyrie, ils n'étoient pas plus particuliérement assistés de Dieu que toutes autres personnes de piété; il prétendoit que sans cette distinction entre la partie historique de la Bible & sa partie légale, doctrinale ou prophétique, il étoit impossible d'établir celle-ci avec autant d'évidence & de solidité que les intérêts de la Religion le requérent; & cette opinion ne paroîtra pas sans fondement, si l'on examine bien toutes les diverses tentatives qui ont été faites dans ce genre par des hommes également subtils & savans.

Abbadie, & quelques autres après lui, ont dit: *que les accidens qui ont contribué à altérer les textes de la Bible & à défigurer (si cela se peut dire) l'Ecriture en beaucoup d'endroits, n'auroient pas pû être prévenus sans un miracle perpétuel & subsistant, & qu'un tel miracle n'est pas dans l'ordre de la Providence.* Mais suivant les idées les plus claires & les plus distinctes que nous puissions avoir de la sagesse & de la bonté divine, il est convenable de penser que ces accidens n'auroient pas eu lieu, ou que nonobstant ces accidens les Ecritures auroient été conservées entiérement dans leur pureté originelle, si elles avoient été dictées en entier par le S. Esprit. Est-il concevable que Dieu les ait inspirées pour notre instruction & qu'il n'ait pas pourvû à ce qu'elles nous fussent fidélement transmises sans confusion ni transposition, sans retranchement ni interpolation quelconque; en un mot que Dieu ait parlé & que l'Eglise nous propose sous l'ombre de sa révélation autre chose que sa divine parole?

Quoiqu'il en soit, sans entrer plus avant dans ces discussions, & telle de ces conjectures que chacun de nous juge la plus admissible, nous devons croire que toutes les parties de l'Ancien Testament qui contiennent des points de Dogme ou des Prophéties, tous les passages qui renferment les vérités fondamentales de la Religion, étoient d'une telle importance dans les desseins de Dieu sur le genre humain, qu'ils ont été dès le commencement l'objet d'une attention particuliere de sa Providence, & qu'elle n'a jamais permis que sa Loi divine souffrît aucune altération essentielle; & ces sortes de traits sont clairement marqués & pleinement confirmés, tant par l'accomplissement des Prophéties que par toute l'économie de la révélation Chrétienne. Mais nous pouvons assurer sans scrupule que les Histoires & les Généalogies de l'Ancien Testament ne sont point des fondemens suffisans à aucuns égards pour une Chronologie suivie depuis le commencement des tems, ni pour une Histoire universelle du monde: par ce moyen la foi & la raison peuvent être un peu mieux conciliées qu'elles ne le sont communément, & on peut maintenir l'autorité infaillible de l'Ecriture, sans interdire si absolument l'usage légitime de nos facultés naturelles. Oui. Monsieur, en adoptant cette distinction on prend beaucoup moins sur soi que ne sont obligés de faire ceux qui imprimant à tout le Canon des Juifs le sceau divin de l'inspiration, soutiennent que Moyse écrivit le Pentatheuque depuis le premier Chapitre de la Genèse jusqu'au dernier du Deuteronome, tel que nous l'avons aujourd'hui syllable pour syllable dans le Texte Hébreu, & avec une parfaite conformité quant au sens dans la Version Greque des Septante & dans la Vulgate Latine. J'ose vous assurer que ceux qui s'abandonnent à de telles hypothèses, s'enfoncent dans un labyrinthe de disputes & de contradictions, dont ils ne se tireront jamais.

Mais quand la partie Historique de

l'Ecriture Sainte seroit aussi autentique que la partie légale, je soutiens encore qu'elle répandroit fort peu de lumiere sur l'Histoire Ancienne. En effet, qui s'attend à trouver dans la Bible un systême de Chronologie, ou un fil d'Histoire, ou des matériaux suffisans pour l'une ou pour l'autre, s'attend à y trouver ce que les Auteurs de ces Livres ne se sont jamais proposé d'y faire entrer. Ce sont des Extraits d'Histoires, des Extraits de Généalogies, & non des Histoires proprement dites & des Généalogies completes. Les Juifs eux-mêmes produisent divers exemples des omissions qui se trouvent dans leurs Généalogies, d'où il resulte évidemment que ce ne sont que des Extraits, puisque toutes les générations dans le cours de la descendance n'y sont pas rapportées. Pour justifier l'opinion de ceux qui pensent qu'il n'est pas possible de fixer aucune Chronologie certaine sur celle de la Bible, il suffiroit de lire les Ecrits de Saint Jerôme à ce sujet ; mais cette opinion se justifiera elle-même de plus en plus dans l'esprit de tout homme qui prendra la peine de considérer combien les Juifs font de grossiéres bévues lorsqu'ils se mêlent de Chronologie, par cette raison toute simple que leurs Ecritures sont imparfaites à cet égard, & que leurs Traditions orales par où ils tâchent d'y suppléer, sont pleines d'erreurs & de confusion. Selon eux, Daniel & Simon le Juste étoient membres en même-tems de la grande Synagogue qui commença & finit le Canon des Ecritures sous la présidence d'Esdras, & cet Esdras étoit le même que le Prophéte Malachie; Darius fils de d'Hystaspe étoit le même Darius qu'Alexandre vainquit, & c'étoit en même-tems Artaxerxès & Assuerus; voilà un échantillon de leurs anacronismes. Il est vrai que nous sommes plus corrects ; & que nous nous écartons moins de la vérité dans ces points & peut-être dans quelques autres, parce que nous faisons usage subsidiairement de la Chronologie profane. Mais la Chronologie profane est-elle même si moderne, si peu suivie & si mal étayée, que ce secours ne sauroit s'étendre à la plus grande partie des tems que comprend la Chronologie sacrée ; que quand elle commence à nous aider, elle commence aussi à nous embarrasser;

& enfin que même avec son secours nous n'aurions pas eu l'apparence même d'un systême complet de Chronologie & d'Histoire universelle, si les Savans ne s'étoient pas attachés très-sagement à une maxime uniforme depuis les premiers siécles de l'Eglise, c'est-à-dire, depuis que les Chrétiens eurent repris la coutume dont les Juifs s'étoient imprudemment écartés, de sanctifier l'érudition profane aussi-bien que les Rites profanes : la maxime que j'entens c'est d'admettre sans scrupule & sans difficulté l'autorité profane, toutes les fois qu'elle dit ou que l'on peut lui faire dire, ou que par quelque interprétation on peut en tirer quelque chose qui confirme l'Histoire Sainte, ou qui y supplée d'une maniere tant soit peu compatible; & que l'on rejette cette même autorité lorsqu'on n'en peut pas faire un usage semblable, & qu'il n'y a pas moyen de concilier la contradiction & l'incompatibilité. Une telle liberté ne seroit pas tolérée en tout autre cas, parce qu'elle suppose la chose même qui est à prouver; mais nous jugeons qu'il est très-convenable de l'admettre en faveur des Ecritures Sacrées & infaillibles lorsqu'on les compare avec d'autres.

Afin de montrer avec la derniere évidence que le but & le dessein des Auteurs du Pentatheuque & des autres Livres de l'Ancien Testament, répond aussi peu aux vues des Antiquaires à l'égard de l'Histoire, qu'à l'égard de la Chronologie, il suffira de nous rappeller à l'esprit en peu de mots le sommaire de ce qui est rapporté dans la Bible depuis la Création du monde jusqu'à l'Empire des Perses. Si le monde dura jusqu'au Déluge 1656 ans, & si la Vocation d'Abraham doit être placée 426 ans après le Déluge, ces vingt & un siécles font environ les deux tiers de la période susdite ; & toute l'Histoire de ces tems est comprise en onze Chapitres de la Genèse, ce qui est certainement l'extrait le plus court qui fut jamais fait. Si nous examinons le contenu de ces Chapitres, y trouverons-nous rien qui ressemble à une Histoire universelle, ou seulement à l'abrégé d'une telle Histoire ? Adam & Eve furent créés ; ils désobéirent à Dieu ; ils furent chassés du jardin d'Eden ; un de leurs fils tua son frere, mais leur race se multiplia bientôt & peupla la terre. D'un autre côté, quelle Géographie avons-nous, quelle Histoire de ce monde qui préceda le Déluge ? Aucune. Les enfans de Dieu, est-il dit, s'allierent avec les filles des hommes & engendrerent des Géants, & Dieu noya tous les habitans de la terre, excepté une seule famille. Après cela nous lisons que la terre fut repeuplée ; mais ces enfans d'une seule famille furent divisés en diverses langues, dès le tems même qu'ils vivoient ensemble, parlant la même Langue & appliqués au même Ouvrage. De la Chaldée, l'un des Pays dans lesquels ils s'étoient dispersés, Dieu appella Abraham quelque tems après avec de magnifiques promesses, & le conduisit dans un

Pays appellé Chanaan. L'Auteur de ce Livre s'est-il proposé d'écrire une Histoire universelle ? Non certainement, Monsieur. Il est vrai que le dixiéme Chapitre de la Genèse nomme quelques générations des descendans des enfans de Noé, quelques-unes des Villes qu'ils fonderent, & quelques-uns des Pays où ils s'établirent. Mais qu'est-ce que de simples noms denués de circonstances, sans description de pays ni relations d'événemens ? C'est tout au plus dequoi fournir matiére aux conjectures & à la dispute ; & même la ressemblance de ces noms, dont on se sert souvent comme d'une clef pour nous conduire à la découverte de la vérité historique, a manifestement contribué à répandre l'erreur & à accroître l'incertitude de l'ancienne tradition. Outre que ces récits imparfaits & obscurs ont fourni matiére aux conjectures & à la dispute, ils ont encore été employés à un beaucoup plus mauvais usage par les Rabbins Juifs, & les Docteurs Mahométans, & même par divers Ecrivains Ecclésiastiques dans leurs extensions profanes de cette partie de l'Histoire de Moïse. Quelques-uns décrivent la Création du premier homme, comme s'ils étoient des Pré-Adamites qui y eussent assisté; ils parlent de sa beauté, comme s'ils l'avoient vu, de sa taille, comme s'ils l'avoient mesuré, & de son savoir, comme s'ils avoient conversé avec lui; ils marquent jusqu'à la motte de terre où Eve posa sa tête la premiere fois qu'il jouit d'elle; ils gardent la minute de toute la conversation du serpent avec cette mere commune des hommes qui damna ses enfans avant que de les porter. Quelques-uns disent positivement que Caïn se brouilla avec Abel sur un point de Doctrine, & d'autres assurent que la dispute s'éleva à l'occasion d'une fille. Il seroit aisé de recueillir quantité de pareilles fariboles sur Enoch, sur Noé & sur ses enfans; mais je ne veux pas m'arrêter plus long-tems à de telles impertinences que des Bonzes ou des Talapoins rougiroient presque de rapporter.

Après tout, si l'on peut deviner l'intention de quelqu'un par le contenu de son Livre, l'intention de Moyse en cette partie de son Ouvrage, étoit d'instruire les enfans d'Israël qu'ils étoient issus de Noé par Sem ; & de-là en remontant, d'Adam par Seth, d'illustrer leur origine, d'établir leur droit sur la terre de Chanaan, & de justifier sa conduite & celle de Josué son Lieutenant & son successeur à l'égard des Habitans du Pays de Chanaan dont il avoit entrepris la conquête.

Ce n'est pas la peine d'allonger encore cette ennuyeuse Lettre pour y faire entrer de nouveaux Extraits de l'Histoire de la Bible. Vous pouvez, Monsieur, vous en rappeller à l'esprit la substance, & alors votre candeur naturelle & l'amour de la vérité vous feront avouer que ces Livres sacrés ne visent à rien d'approchant d'une Chronologie ou d'une Histoire universelle. Ils ne contiennent qu'une Histoire très-imparfaite des Israëlites mêmes, de leur établissement dans la Terre promise, de leurs divisions, de leurs apostasies, de leurs pénitences & de leurs rechûtes, de leurs triomphes & de leurs défaites sous le gouvernement passager de leurs Juges, & sous celui de leurs Rois; de la captivité des Galiléens & Samaritains qui furent transportés par les Rois d'Assyrie, & de celle où fut réduit le reste du Peuple quand le Royaume de Juda fut détruit par les Monarques qui gouvernoient l'Empire fondé sur l'union de Ninive & de Babylone. Toutes ces choses sont racontées, vous le savez, Monsieur, d'une maniere très-succinte & très-confuse; & nous apprenons si peu de chose des autres Peuples par ces récits, qu'à peine les entendrions-nous si nous n'empruntions quelque lumiere de la Tradition des autres Nations. Je ferai encore une observation particuliere, mais une seule, pour montrer quelle connoissance sur l'Histoire du genre humain & sur la supputation des tems on peut attendre de ces Livres. Les Assyriens étoient leurs voisins, voisins puissans avec qui ils eurent beaucoup & long-tems à faire; c'est donc de cet Empire principalement & plus que de tout autre état, que nous pourrions espérer d'y trouver quelque Relation satisfaisante. Que trouvons-nous? L'Ecriture ne fait nulle mention de l'Empire d'Assyrie que fort peu avant le tems auquel l'Histoire Profane en marque la fin; ce qui a obligé les Chronologistes à supposer deux Empire d'Assyrie qu'ils ont assez de peine à ajuster. Tellement que, tout combiné, bien loin que les Ecritures nous donnent des lumieres pour l'Histoire générale, elles accroissent l'obscurité même de ces parties auxquelles elles ont la relation la plus prochaine. Concluons donc que, ni dans les Auteurs Profanes, ni dans les Auteurs Sacrés, nous n'avons point de Mémoires assez autentiques, assez clairs, assez précis, assez complets sur les origines des anciennes Nations, & sur les grands événemens de ces tems que l'on appelle communément les premiers Ages du monde, pour mériter le nom d'Histoire, ou pour nous fournir des matériaux suffisans pour la Chronologie & l'Histoire universelle.

Je pourrois continuer à présent à

vous faire obferver comment cela eſt arrivé, non pas ſimplement par les conſéquences néceſſaires de la nature humaine & ſuivant le cours ordinaire des affaires du monde; mais beaucoup plus par la politique, l'artifice, la corruption & la folie des hommes. Mais ce ſeroit entaſſer digreſſions ſur digreſſions, & par conſéquent trop préſumer de votre patience. Je me contenterai donc d'appliquer ces réflexions ſur l'état de l'Hiſtoire ancienne à l'étude de l'Hiſtoire & à la méthode qu'il y faut obferver, & cela dès que nous nous ſerons un peu repoſés, vous, Monſieur, d'avoir lû une ſi longue Lettre, & moi de l'avoir écrite.

QUATRIÈME LETTRE,

1. *Il y a dans l'Histoire une autenticité suffisante pour la rendre utile, malgré tout ce qu'on peut objecter contre.*

2. *Méthode qu'il faut observer en l'étudiant; & restrictions qu'il est juste d'y apporter.*

JE ne sais si la Lettre que je commence sera longue ou courte; mais je trouve ma mémoire rafraîchie, & mon imagination échauffée, & la matiere vient s'offrir à moi avec tant d'abondance, que je n'ai pas le tems de chercher la précision : puis donc que vous m'avez engagé à vous écrire, il faut vous contenter de recevoir ce qui suit.

J'ai déja observé que nous sommes naturellement portés à nous faire à nous-mêmes l'application de ce qui est arrivé aux autres hommes, & que c'est de là que les exemples tirent leur force, soit que l'Histoire, ou l'experience les offre à notre réflexion. Par conséquent ce que nous ne croyons pas qui soit arrivé, nous ne saurions nous en faire ainsi l'application ; faute de quoi ces exemples n'auront pas le même effet. L'Histoire ancienne, telle que je l'ai décrite, est donc absolument incapable à cet égard de répondre aux vûes que tout homme raisonnable doit se proposer dans cette étude, parce que cette Histoire n'aquerera jamais assez de croyance dans l'esprit d'aucun homme raisonnable. Un Conte bien tourné, ou une Comédie ou Tragédie bien faite, peuvent produire une impression d'un moment sur l'esprit, en affectant l'imagination, surprenant le jugement & remuant fortement les passions. On dit qu'à la représentation d'une Tragédie d'Eschyle, les Athéniens se sentirent transportés d'une phrénésie martiale, qui se soutint depuis le Théatre jusqu'aux pleines de Marathon. Je veux croire, que ces impressions momentanées pourroient être ménagées de telle sorte, qu'elles contribueroient un peu par leur répétition fréquente à maintenir dans des Républiques bien policées une certaine habitude de mépris pour la folie, d'horreur pour le vice & d'admiration pour la vertu.

Mais pour faire ces sortes d'impressions & produire même ce médiocre effet, il faut que les Fables portent une apparence de vérité. Alors la raison tolére cette innocente fraude de l'imagination, & dispense en faveur de la vraisemblance des régles austéres de critique qu'elle a établies pour constater la vérité des faits. Mais après tout, elle reçoit ces Fables comme Fables, & ce n'est qu'à ce titre qu'elle permet à l'imagination d'en fournir la plus grande partie; si elles prétendoient au titre d'Histoires, elles seroient aussi-tôt soumises à un autre examen plus sévere. Ce qui a pû arriver, est la matiére d'une Fable ingénieuse ; ce qui est arrivé, est la matiére d'une Histoire autentique : les impressions que l'une ou l'autre fait sont proportionnées.

Lorsque l'imagination se dérégle & se détraque, qu'elle franchit les limites de la nature, qu'elle parle de Héros & de Géans, de Fées & d'Enchanteurs, d'événemens & de phénomenes qui répugnent à l'expérience universelle, à nos idées les plus claires & les plus distinctes, & à toutes les Loix connues de la nature ; la raison ne sauroit le dissimuler un moment ; loin de recevoir de telles narrations comme historiques, elle les rejette comme indignes d'avoir place même parmi les fabuleuses ; de telles narrations ne peuvent donc faire la moindre impression sur un esprit imbu de quelques principes de science & exempt de superstition. Quoique présentée avec art & soutenue par l'autorité, l'illusion prévaut difficilement sur le sens commun; l'aveugle ignorance entrevoit, & la téméraire superstition hésite: il ne faut rien moins que l'entousiasme & la frénésie pour donner croyance à de telles Histoires, ou faire l'application de tels exemples. Dom Quichote croyoit, mais Sancho même doutoit quelquefois.

Ce que j'ai dit ne souffrira pas beaucoup de contradiction de la part de ceux qui ont lu Amadis de Gaule, ou examiné sans prévention nos anciennes traditions. La vérité est que la principale différence entre les deux, semble se reduire à ceci: dans Amadis de Gaule, c'est un tissu d'absurdités qui ont été inventées sans aucun égard à la vraisemblance, & que l'on ne prétend aucunement nous faire croire : dans les anciennes traditions, ce sont des tas de fables sous lesquelles sont peut-être cachées quelques vérités particuliéres, indéchiffrables, & partant inutiles au genre humain, pour lesquelles on ne sauroit exiger de notre part rien de plus, & qui cependant nous en imposent & deviennent, sous le nom vénérable d'Histoire ancienne, les fondemens des fables modernes, & les matériaux avec lesquels on construit tant de systêmes chimeriques.

Mais d'un autre côté, comme les hommes sont sujets à porter leurs jugemens dans l'extrême, il y en a qui ne manqueront pas de soutenir que toute Histoire est fabuleuse, & que la meilleure n'est tout au plus qu'un Conte vraisemblable, inventé avec art, & raconté d'un air plausible, dans lequel le vrai & le faux sont tellement mêlés ensemble, qu'on ne sauroit les débrouiller. On nous citera tous les exemples rebatus & tous les lieux communs que Bayle & ses semblables ont employés pour établir cette sorte de Pyrronisme, & de là on conclura que si les prétendues Histoires des premiers âges & des origines des Nations, sont trop denuées de vraisemblance & trop peu fondées pour mériter aucune espéce de croyance, les Histoires qui ont été écrites plus tard, qui portent un plus grand air de probabilité, & qui se vantent même d'une autorité contemporaine, sont insuffisantes au moins pour acquerir ce dégré de ferme confiance qui seroit nécessaire pour en rendre

rendre l'étude utile aux hommes. Mais il arrive ici une chose assez ordinaire : c'est que les prémisses sont vraies & la conclusion est fausse, parce qu'on ne sauroit établir solidement un axiome général sur un certain nombre d'observations particuliéres. Cette matiére est de conséquence, car elle tend à déterminer les dégrés d'approbation que nous devons donner à l'Histoire.

Je conviens donc que l'Histoire a été falsifiée à dessein & par systême dans tous les tems, & que la partialité & le préjugé ont occasionné bien des erreurs, tant volontaires qu'involontaires, même dans les meilleures. Ne vous scandalisez pas, Monsieur, si je vous dis (puisque je puis le dire avec vérité, & que je suis en état de le prouver) que l'autorité sacerdotale a frayé le chemin à cette falsification dans tous les siécles & dans toutes les Sectes religieuses. Combien étoient monstrueuses les absurdités avec lesquelles les Prêtres se jouoient de l'ignorance & de la superstition des hommes dans le monde payen, sur l'origine des Religions & des Gouvernemens, de leurs Institutions & de leurs Rites, de leurs Loix & de leurs Coutumes ? Quelles facilités n'avoient-ils pas pour de telles fourberies, puisque c'étoit chez tant de Nations une fonction particuliere à cet ordre, de garder les Registres & de recueillir les Traditions ? (Coutume fort exaltée par Joseph, mais si évidemment sujette aux fraudes les plus grossieres, qu'on peut l'appeller une tentation prochaine) Quoique les fondemens du Judaïsme & du Christianisme ayent été posés sur la vérité, quelle innombrable multitude de fables n'a-t'on pas inventées pour rehausser, embellir & étayer ces édifices, selon l'intérêt & le goût de divers Architectes ? On ne me contestera pas que les Juifs se sont rendus coupables de cette prévarication, & à la honte des Chrétiens, pour ne pas dire du Christianisme, les Princes de l'Eglise ne sont pas en droit de jetter la premiere pierre à ceux de la Synagogue. Les mensonges prémédités par esprit de systême, ont été avancés & encouragés d'âge en âge, & entre tous les pieux artifices que l'on a employés pour maintenir dans l'esprit des hommes le respect & le zéle pour leur Religion, cet abus de l'Histoire a été l'un des principaux & des plus efficaces. (remarquons en passant que c'est une preuve évidente & effective de ce que j'ai tant pris de soin d'établir, que l'Histoire est très-propre & tend naturellement à former nos opinions, & à déterminer nos habitudes.) Ce bel expédient étoit si fort en usage & en vogue dans l'Eglise Greque, qu'un Métaphraste écrivit un Traité de l'Art de composer de saints Romans, (comme si le mensonge pouvoit plaire à Dieu) Le fait est cité par Baillet, dans son Livre des Vies des Saints, si je m'en souviens bien. Ce savant homme & quelques autres de l'Eglise Romaine, ont jugé convenable au service de leur cause, depuis le renouvellement des Lettres, de découvrir quelques impostures, & de dénicher, comme on dit en France, c'est-à-dire de déposer par-ci par-là quelque prétendu Saint ; mais ils semblent n'avoir eu d'autre vûe en ceci que de faire une sorte de capitulation : ils abandonnent quelques fables, afin de pouvoir défendre les autres avec plus d'avantage, & ils font servir adroitement la vérité à l'erreur. Le même esprit qui a regné dans l'Eglise d'Orient, a regné & regne encore dans celle d'Occident. Il en parut dernierement une forte preuve dans le pays où je suis. Le Peuple de Paris fut saisi subitement d'une fureur de devotion, pour un petit Abbé * qui avoit vécu dans l'obscurité, & dont les Jansénistes firent un Saint après sa mort. Puisque malgré tout ce que la Cour a pu

* L'Abbé Paris.

faire pour traverser ces zélés, il y a des milliers de témoins oculaires prêts à attester la vérité de tous les miracles prétendus opérés à son tombeau, nous pouvons tenir pour certain que si le premier Ministre eût été Janséniste, le Saint seroit toujours demeuré Saint, que toute la France en auroit célébré la fête, & que ces sottes impostures auroient été transmises avec tout ela pompe solemnelle de l'Histoire par les fourbes de notre tems aux dupes des siécles à venir.

Cet esprit menteur s'est communiqué des Historiens Ecclésiastiques aux autres; & je pourrois remplir plusieurs pages d'exemples, de fables extravagantes qui ont été inventées chez la plupart des Nations pour célébrer leur antiquité, annoblir leur origine,

& les faire paroître illustres dans les arts de la Paix, & dans les triomphes de la Guerre. Quand le cerveau est bien échauffé, & que la dévotion ou la vanité, l'apparence de la vertu ou quelque vice réel, & par-dessus tout cela, les disputes & les débats ont inspiré cette complication de passions que l'on appelle zéle, les effets sont presque toujours les mêmes, & l'Histoire devient très-souvent un panégyrique romanesque, ou une satyre mensongere; car différentes Nations, ou différens partis dans la même Nation se démentent l'un l'autre sans égard pour la vérité, comme ils s'égorgent l'un l'autre sans égard pour la justice, & sans aucun sentiment d'humanité. Le zéle de Religion peut se vanter de cet horrible avantage sur le zéle d'Etat, que l'effet en a été plus sanguinaire & la malice plus implacable ; ils se ressemblent plus l'un à l'autre, ou du moins ils gardent plus de proportion entr'eux à un autre égard, c'est que les différentes Religions n'ont pas été tout-à-fait si barbares l'une envers l'autre que les diverses Sectes de la même Religion ; & pareillement une Nation fait meilleur quartier à l'autre qu'une faction à une autre faction. Mais dans toutes ces controverses, les hommes ont poussé leur rage au-delà de leurs propres vies & de celles de leurs adversaires ; ils ont tâché d'intéresser la postérité dans leur querelle ; & en faisant servir l'Histoire à cet exécrable dessein, ils ont fait les derniers efforts pour perpétuer le scandale & immortaliser leur animosité. Les Payens taxerent les Juifs mêmes d'idolâtrie ; les Juifs se joignirent aux Payens pour rendre les Chrétiens odieux ; mais l'Eglise qui les battit avec leurs propres armes durant ces contestations, a encore eu cet avantage de plus sur eux, aussi-bien que sur cette multitude de Sectes qui sont sorties de son propre sein ; que les Ouvrages de ceux qui avoient écrit contre elle ont péri, & tout ce qu'elle a avancé pour se justifier elle-même ou pour décrier ses Adversaires, a été conservé dans ses Annales & dans les Ecrits de ses Docteurs.

La charge de falsifier l'Histoire en matiere de Religion a toujours été confiée aux plus fameux Champions & aux plus dévots personnages de chaque Secte Religieuse ; & si je ne craignois plus de vous fatiguer, Monsieur, que de vous scandaliser, je pourrois vous citer des exemples d'Ecclésiastiques modernes qui ont entrepris de justifier les injures par le Nouveau Testament & la cruauté par l'Ancien : & même (ce qui est plus exécrable qu'on ne sauroit l'imaginer, & capable de remplir d'horreur tout esprit qui conserve de justes sentimens de l'Etre suprême) on a cité Dieu même pour avoir raillé & insulté Adam après sa chûte. En toute autre matiere, cette charge d'altérer la vérité historique appartient aux Pédans de chaque Nation & aux Goujats de chaque parti. Quelles accusations d'idolâtrie & de superstition n'a-t-on pas intenté & soutenu sur le compte des Mahométans ? Ces méchans Chrétiens qui revenoient de ces guerres si improprement appellées guerres Saintes, semoient ces contes dans l'Occident; & vous pouvez voir dans quelques vieux Croniqueurs & dans les Romanciers aussi-bien que dans les Poëtes, les Sarrasins traités de Payens, quoiqu'ils fussent assurément beaucoup plus éloignés de tout soupçon de Polytheïsme que ceux qui les appelloient de ce nom. Quand Mahomet II prit Constantinople au quinziéme siécle, les Mahométans commencerent à être un peu, mais guéres mieux connus qu'ils n'avoient été auparavant, dans ces parties de l'Europe; mais leur Religion aussi-bien que leurs Coutumes & leurs Mœurs furent étrangement mal représentées par les Refugiés Grecs qui avoient fui les Turcs; & la terreur

& la haine que ce Peuple avoit inspiré par la rapidité de ses conquêtes & par sa férocité, firent universellement passer pour vrais tous ces portraits infidéles. On peut tirer plusieurs remarques semblables, de la réfutation de l'Alcoran de Maracci ; & Reland a publié un Traité très-estimable à dessein de réfuter ces calomnies & d'en laver les Mahométans. Cet exemple Monsieur, ne vous porteroit-il pas à croire que les anciens Payens & les Arriens & autres Hérétiques à qui l'on attribue des opinions si absurdes & des pratiques si abominables ne paroîtroient pas tout-à-fait si odieux que les Chrétiens Orthodoxes les ont représentés, s'il pouvoit s'élever quelque Reland pourvû des matériaux nécessaires pour leur justification ? Si l'on fait attention à l'état où les Lettres ont été réduites, depuis le tems que Constantin (au lieu d'unir en sa personne les caracteres d'Empereur & de Souverain Pontife quand il se fit Chrétien, comme ils avoient été unis en sa personne & en celle de tous les autres Empereurs dans le systême du gouvernement Payen) donna au Clergé des richesses & une autorité si indépendantes & tant de moyens de les accroître de plus en plus ; si l'on promene ses réflexions sur tout le nouvel Empire, & sur tous ces siécles d'ignorance & de superstition dans lesquels il est mal-aisé de dire quelle étoit le plus étonnant, de la tyrannie du Clergé ou de l'avilissement des Laïques ; si l'on considére, par exemple, l'extrême sévérité des Loix portées par Théodose pour étouffer tous les Ecrits que le Clergé Orthodoxe (c'est-à-dire, le Clergé alors dominant) désapprouvoit; où le caractere & le crédit d'un Pontife tel que Grégoire surnommé le Grand, qui d'une part flatta Brunehaut & favorisa Phocas, & d'autre part déclara la guerre à toute érudition payenne dans la vue de mieux établir la vérité Chrétienne ; je dis que si l'on considére toutes ces choses on ne sera pas en peine de trouver les raisons pour quoi l'Histoire (tant celle qui a été écrite avant l'Ere Chrétienne, qu'une grande partie de celle qui a été écrite depuis) est venue à nous si imparfaite & si corrompue.

Quand l'imperfection provient d'un manque total de mémoires, soit qu'il n'y en ait eu aucuns d'écrits originairement, soit qu'ils ayent été perdus par des dévastations de pays, des extirpations de peuples, ou autres accidens inévitables dans une longue suite de siécles, soit que le zéle, la malice & la politique ayent joint leurs efforts pour les détruire à dessein ; nous pouvons nous résoudre à rester dans notre ignorance, & il n'y a pas grand mal à cela ; sûr de n'être point trompé, je puis me consoler de n'être point instruit. Mais quand il n'y a pas ce manque total de mémoires, quand quelques-uns ont été perdus & détruits, & d'autres conservés & répandus, nous sommes alors en danger d'être trompés. Il faut donc être effectivement bien crédule pour recevoir comme vraie l'Histoire d'une

Religion ou d'une Nation, & sur-tout celle de quelque Secte ou de quelque parti sans avoir les moyens de la confronter avec une autre Histoire. Un homme raisonnable ne sera pas si crédule: il n'établira point la vérité de l'Histoire sur le témoignage d'un seul, mais sur le rapport des deux Parties confrontées ensemble ; s'il n'y en a point de semblables, il doutera absolument ; s'il n'y en a que peu, il y proportionnera sa confiance ou sa défiance. Un petit rayon de lumiere tiré d'anecdotes étrangeres, sert souvent à découvrir tout un système de fausseté, & ceux même qui corrompent l'Histoire se trahissent souvent eux-mêmes par ignorance ou par inadvertance ; c'est de quoi il me seroit aisé de produire divers exemples. Après tout,

tout, nous ne saurions être trompés essentiellement en tous ces cas, à moins que nous ne le voulions bien; & c'est pour cela qu'il n'est pas raisonnable d'établir ici le Pyrronisme, pour éviter le ridicule de la crédulité.

En tout autre cas, il y a encore moins de raison de le faire; car quand les Histoires & les Mémoires historiques abondent, ceux même qui sont faux contribuent à la découverte de la vérité. Inspirés par différentes passions & inventés pour des vues opposées, les récits se contredisent, & par là se convainquent réciproquement; la critique sépare l'or des scories, & tire de divers Auteurs une suite d'Histoire véritable que l'on n'auroit pas pû trouver entiere en aucun d'eux, & qui est sûre d'obtenir notre suffrage, si elle est formée avec jugement & représentée avec candeur. Si cela peut se faire (comme cela s'est fait quelquefois) avec l'aide des Auteurs qui ont écrit à dessein de tromper, combien est-il plus aisé & plus sûr d'y parvenir avec l'aide de ceux qui ont eu plus d'attention à la vérité? Dans un grand nombre d'Ecrivains, il s'en trouvera toujours quelques-uns ou incapables de prévarications grossieres, dans l'appréhension d'être découverts & de n'acquerir que l'infamie en cherchant la réputation, ou même attachés à la vérité par un principe plus noble & plus sûr. Il est certain que ces derniers même ne sont pas infaillibles. Les premiers, séduits par telle ou telle passion, peuvent hasarder par-ci par-là de répandre une fausseté, ou de déguiser une vérité, comme le Peintre qui, au rapport de Lucien, tira de profil le portrait d'un Prince qui n'avoit qu'un œil. Montagne reproche aux Mémoires de Du Bellay que quoique le gros des faits y soit rapporté fidélement, cependant ces Auteurs tournoient tout ce qu'ils rapportoient à l'avantage de leur Maître, & ne parloient point du tout de ce qui ne pouvoit pas être tourné ainsi. Ses expressions antiques méritent d'être citées: *de contourner le jugement des événemens souvent contre raison à notre avantage, & d'obmettre tout ce qu'il y a de chatouilleux dans la vie de leur Maître, ils en font métier.* Ces Auteurs-là & leurs pareils s'écartent dans l'occasion, & trahissent volontairement la vérité, mais ceux même qui y sont le plus religieusement attachés, il peut arriver quelquefois que le pied leur glisse, & qu'ils tombent involontairement dans l'erreur. En matiere d'Histoire nous préférons avec beaucoup de raison, l'autorité des contemporains, & cependant les Auteurs contemporains sont plus sujets à s'écarter des regles austéres de la vérité en écrivant sur des événemens qui les ont affectés fortement, & où ils ont joué un grand rôle. Je suis si persuadé de cela, par ce que j'ai senti en moi-même & observé dans les autres, que si j'ai assez de vie & de santé pour être en état de finir ce que je médite, une sorte d'Histoire depuis l'avenement de la feue Reine au Trône jusqu'à la Paix d'Utrecht, j'examinerai plus scrupuleusement & plus séverement les matériaux que j'ai conservé de ce tems, que ceux de tout autre. Mais quoique les Ecrivans de ces deux espéces (qui ont autant d'attention à la vérité que les diverses infirmités de notre nature le permettent) ne soient pas infaillibles, cependant ce manque d'infaillibilité ne suffit pas pour servir de prétexte au Pyrronisme. Si leur sincérité quant aux faits est douteuse, nous tirons la vérité de la confrontation de différens mémoires, comme nous tirons des étincelles de feu du froissement du caillou & de l'acier. Si leurs jugemens sont suspects de partialité, nous pouvons ou juger par nous-mêmes, ou adopter leurs jugemens après les avoir pesés avec quelque reserve, en ajoutant dans la balance quelques grains pour la tare. Avec un peu de sagacité naturelle, on évacuera cette tare suivant les circonstances particulieres où les Auteurs se sont trouvés, & suivant leur caractere propre, car il y influe beaucoup. Ainsi Montagne prétend, mais il exagere un peu, que Guichardin n'attribue jamais aucune action à un principe vertueux, mais toujours à quelque motif répréhensible. On a fait à peu près le même reproche à Tacite; & lisez les comparaisons de Plutarque en telle Langue qu'il vous plaira *, vous vous appercevrez qu'elles sont l'ouvrage d'un Grec. En un mot, Monsieur, les occasions favorables de corrompre l'Histoire ont été souvent in-

* Je suis en cela de l'avis de Bodin, nonobstant toutes les Observations vives & hardies de Montagne dans un de ses Essais, où il s'efforce de prouver le contraire.

terrompues, & sont même perdues aujourd'hui en tant de pays, que la vérité pénetre même dans ceux où le mensonge continue toujours à faire partie de la politique Eccléfiastique & Civile, & où (pour ne rien dire de pis) on ne souffre jamais que la vérité paroisse, qu'elle n'ait passé par des mains, d'où elle sort rarement en son entier & en sa pureté.

Mais il est tems de conclure cet article sous lequel j'ai touché quelques raisons qui montrent combien il est fou de chercher à établir un Pyrronisme universel en matiere d'Histoire, sur ce qu'il y a peu d'Histoires sans quelques mensonges, & pas une sans quelques méprises, & qui prouvent que le corps d'Histoire que nous possedons (depuis que les anciens monumens ont été si judicieusement discutés, & que les Mémoires modernes se sont tant multipliés), contient une telle suite d'événemens probables, aisés à distinguer de ceux qui ne le sont pas, qu'elle force le consentement de tout homme qui est en son bon sens, & suffit par conséquent pour répondre à tout ce qu'on se propose dans l'étude de l'Histoire. J'aurois peut-être dû, sans entrer du tout dans cet argument, me contenter d'en appeller à tout homme de bonne foi pour savoir, si ses doutes sur la vérité de l'Histoire l'ont empêché de s'appliquer les exemples qu'il y a trouvés, & de juger du présent & quelquefois de l'avenir par le passé? S'il n'a pas été touché de respect & d'admiration pour la vertu & la sagesse de quelques hommes & le goût de quelques siécles, & s'il n'a pas senti de l'indignation & du mépris pour d'autres? Si Epaminondas ou Phocion par exemple, les Decius ou les Scipions, n'ont pas allumé dans son cœur les sentimens d'un Citoyen zélé, & d'un particulier vertueux? S'il n'a pas frissonné d'horreur au récit des proscriptions de Marius & de Sylla, de la trahison de Théodote & d'Achillas, & de la cruauté consommée d'un Roi presqu'enfant. * C'est pourquoi, Monsieur, si tout ceci est une digression, vous aurez la bonté de l'excuser.

2. Ce qu'on a dit sur la multiplicité des Histoires & des Mémoires Histo-

* *Quis non contra Marii arma & contra Syllæ proscriptionem concitatur? Quis non Theodoto & Achillæ & ipsi puero non puerile auso facinus infestus est?*

riques dont nos Bibliothéques font abondamment fournies depuis le renouvellement des Lettres & l'invention de l'Imprimerie, me rappelle l'esprit une autre regle générale que doit observer tout homme qui se propose de faire un progrès réel, & de devenir plus sage, & meilleur par le moyen de l'étude de l'Histoire : j'ai insinué cette regle dans une de mes Lettres précédentes, où j'ai dit que nous ne devions ni marcher en tâtonnant dans les ténebres, ni courir à l'aventure en plein jour. Il faut que l'Histoire ait au moins un certain dégré de probabilité & d'autenticité, sans quoi les exemples que nous y trouvons n'auront point assez de force pour faire une impression convenable sur nos esprits, ni pour éclaircir &

fortifier les préceptes de la Philosophie & les régles de la bonne politique. Mais d'ailleurs, quand les Histoires ont cette autenticité & cette probabilité nécessaires, il faut apporter beaucoup de discernement dans le choix & l'usage que nous en faisons. Il y en a qu'il faut lire, d'autres qu'il faut étudier, & d'autres que l'on peut négliger entiérement, non-seulement sans aucun inconvénient, mais même avec avantage. Les unes sont les objets propres de la curiosité de tel homme, les autres de tel autre, & quelques-unes de tous, mais toute sorte d'Histoire n'est pas un objet de curiosité pour toute sorte de personnes, & il ne faut pas se piquer d'embrasser la totalité. Une conduite si peu convenable, si vaine, si absurde, ressemble en quelque sorte à une faim canine : la curiosité de l'un comme l'appétit de l'autre, dévore gloutonnement & indistinctement tout ce qu'elle peut attraper ; mais ni l'un ni l'autre ne digére : entassant indigestion sur indigestion, ils ne nourrissent & ne fortifient que leurs maladies. J'ai connu quelques gens de ce caractere, quoique ce ne soit pas l'excès le plus ordinaire dans lequel les hommes soient sujets à tomber. J'en ai connu un dans ce pays-ci qui joignoit à un corps plus robuste que celui d'un Athlete une mémoire prodigieuse, & un travail aussi prodigieux ; il avoit lû assez réguliérement douze ou quatorze heures par jour pendant vingt-cinq à trente ans, & avoit entassé autant d'érudition qu'il soit possible d'en faire entrer dans une tête. Dans le cours de ma liaison avec lui je le consultai une ou deux fois, pas davantage, car je trouvai ce magazin de science aussi peu d'usage pour moi que pour le propriétaire. Cet homme étoit assez communicatif, mais rien n'étoit rangé dans son esprit; comment cela auroit-il pû être ? Il n'avoit jamais ménagé de momens pour penser, tout étoit employé à lire. Sa raison n'avoit pas le mérite d'un méchanisme commun : quand vous pressez le bouton d'une montre, ou que vous tirez le cordon d'une pendule, elles répondent avec précision à ce que vous leur demandez, car elles répétent exactement l'heure du jour, & ne vous disent ni plus ni moins que ce que vous désirez de savoir ; mais quand vous proposiez à cet homme une question, il vous accabloit en versant avec profusion tout ce que les différens mots dans lesquels étoit énoncée votre demande lui rappelloient à sa mémoire; & s'il omettoit quelque chose, c'étoit précisément le point auquel le sens de toute la question auroit dû le conduire & le fixer. Lui proposer une question, c'étoit monter un ressort dans sa mémoire, qui tournoit avec une extrême rapidité & avec un bruit confus jusqu'à ce que sa force fut épuisée, & vous vous en retourniez avec tout ce bourdonnement dans vos oreilles, étourdi & point instruit. Je ne l'ai jamais quitté sans être tenté de lui dire, *Dieu vous fasse la grace de devenir moins savant!* Souhait que La Mothe le Vayer rapporte quelque part, &

qu'il auroit bien fait de s'appliquer à lui-même en beaucoup d'occasions.

Celui qui lit avec choix & discernement acquerera moins d'érudition & plus de connoissances ; & comme ses connoissances ne sont pas rassemblées au hasard, & qu'elles sont cultivées avec art & avec méthode, elles seront en tout tems d'un usage prompt & facile tant pour lui que pour les autres. *Ainsi nous plaçons dans des magasins les armes nécessaires, toutes rangées par ordre, & disposées avec grace, non pas seulement pour plaire à l'œil curieux, mais pour être aisément retrouvées au besoin.* * Vous vous souvenez, Monsieur, de ces vers de no-

---

* *Thus useful arms in magazines we place,*
All rang'd in order, and dispos'd with grace:
Nor thus alone the curious eye to please,
But to be found, when need requires, with ease.

tre ami dans son Essai sur la Critique; Ouvrage de son enfance pour ainsi dire, mais monument de bon sens & de Poësie tel que nul autre que je sache n'en a élevé dans la maturité de son âge.

Celui qui lit sans ce choix & ce discernement, & qui comme un Disciple de Bodin, se résout à tout lire, n'aura ni le tems ni la capacité requise pour vaquer à aucune autre affaire. Il ne sera propre ni à raisonner, sans quoi il est ridicule de lire; ni à agir, sans quoi il est ridicule de raisonner. Il rassemblera des matériaux avec beaucoup de peine; & après les avoir acquis à grands frais, il n'aura ni le loisir ni l'adresse de les tailler selon leur propre mesure, & de les préparer pour son usage. A quel propos ménageroit-il roit-il du tems pour apprendre l'Architecture? Il n'a point dessein de bâtir. Mais à quel propos donc toutes ces Carrieres de pierres, toutes ces Montagnes de sable & de chaux, toutes ces Forêts de chênes & de sapins? *Ce n'est qu'aux dépens de tout son tems, & de beaucoup d'importunité pour les autres, que l'on achete cet éloge: ô le savant homme! Contentons-nous de ce titre plus rustique, ô l'honnête homme* *!* Nous pouvons ajouter, & Sénéque auroit pû ajouter en son style ordinaire, & conformément aux mœurs & aux caracteres de son siécle, un autre titre aussi rustique & aussi peu à la mode; *O homme simple dans sa sagesse, &*

* *Magno impendio temporum, magnâ alienarum aurium molestiâ, laudatio hæc constat, ô hominem litteratum! simus hoc titulo rusticiore contenti, ô virum bonum!* Sen.

sage dans sa simplicité ! homme utile à lui-même, à ses proches, à sa patrie & au genre humain *! J'ai peut-être déja dit, mais il n'importe, on ne sauroit trop le repeter, que le but de toute la Philosophie & de toutes les spéculations politiques doit être de nous rendre plus honnêtes gens & meilleurs Citoyens. Les études qui n'ont point pour objet de perfectionner notre caractere moral, n'ont aucun prétexte pour se donner le titre de Philosophiques ; car, dit Ciceron dans ses Offices, qui est-ce qui oseroit s'appeller Philosophe, s'il ne nous instruit de nos devoirs ** ? Toutes spéculations

---

* O virum sapientiâ suâ simplicem & simplicitate suâ sapientem ! ô virum utilem sibi, suis, Reipublicæ & humano generi.
** Quis est enim qui nullis officii præceptis tradendis Philosophum se audeat dicere ?

politiques, qui au lieu de nous rendre utiles à la société & au bonheur du genre humain, ne font que des systêmes destinés à favoriser l'ambition particuliere, & à servir l'intérêt particulier aux dépens du public; je dis que tous ces ouvrages méritent d'être jettés au feu, & leurs Auteurs de mourir de faim au fond d'un cachot, comme Machiavel.

LETTRE CINQUIE'ME.

1. Du principal usage de l'Histoire proprement dite, entant qu'elle est distinguée des simples Annales & des Ecrits des Antiquaires.
2. Des Historiens Grecs & Romains.
3. Idée d'une Histoire complette.
4. Des autres précautions qu'il faut encore observer dans cette Etude ; de la maniere de la régler par rapport aux différentes Professions & situations des hommes, & particuliérement de l'usage qu'en doivent faire 1° les Théologiens, & 2° ceux qui sont appellés au service de leur Patrie.

JE me souviens que ma derniere Lettre finit brusquement, & il s'est passé beaucoup de tems depuis; de sorte que le fil qui me dirigeoit alors m'est échappé : je vais essayer de le ratraper & de poursuivre la tâche que vous voulez que je fournisse. Outre le plaisir d'obéir à vos ordres, Monsieur, je trouverai en même-tems mon avantage particulier à recueillir mes pensées, & à reprendre une Etude dans laquelle j'étois autrefois assez versé. Car il ne sauroit y avoir rien de plus vrai que ce mot de Solon rapporté par Platon (quoique par lui censuré assez mal-à-propos dans un de ses étranges Livres des Loix), *je vieillis en apprenant sans cesse.* * La vérité est que le plus habile homme dans le cours de la plus longue vie aura toujours beaucoup à apprendre, & le plus sage &

* *Assiduè addiscens ad senium venio.*

le plus vertueux beaucoup à profiter. Cette regle aura surement lieu à l'égard des connoissances & des perfections que l'on doit acquérir par l'Etude de l'Histoire ; & c'est pourquoi celui là même qui a fréquenté cette Ecole dès sa jeunesse, ne doit pas la négliger dans sa vieillesse. *Je lis dans Tite-Live,* dit Montagne, *ce qu'un autre n'y lit pas, & je n'y lis pas ce que Plutarque y lisoit.* Il est également vrai que le même homme peut lire à 50 ans ce qu'il ne lisoit pas dans le même Livre à 25 ; au moins l'ai-je observé ainsi par ma propre expérience en beaucoup d'occasions. En comparant à l'aide de cette Etude l'expérience des autres hommes & des autres siécles avec la nôtre propre, nous perfectionnons l'une & l'autre, nous analysons, pour ainsi dire, la Philosophie, nous réduisons à leurs premiers principes toutes les spéculations abstraites de la morale & toutes les regles générales de la politique humaine. Avec ces avantages, quoique peu de gens en sachent profiter, tout homme peut approcher chaque jour de plus en plus de ces idées (un Platoniste diroit, de ces essences incréées) auxquelles nulle créature humaine ne peut atteindre dans la pratique, mais dans l'approximation desquelles consiste la perfection de notre nature ; parce que cette sorte d'approximation rend un homme plus sage & meilleur pour lui-même, pour sa famille, pour la petite Communauté de son Pays, & pour la grande Communauté du monde. Ne soyez pas étonné, Monsieur, de l'ordre dans lequel je range ces objets : quelque rang que puissent leur assigner les Théologiens & les Moralistes qui considèrent les devoirs relatifs à ces objets, tel est le rang qu'ils tiennent dans la nature ; & j'ai toujours pensé que nous pouvons atteindre à la véritable sagesse, & y conduire les autres plus sûrement par une observation convenable de cet ordre, que par aucun des sublimes rafinemens qui le pervertissent. *L'amour-propre sert à reveiller une ame vertueuse, comme un petit caillou met en mouvement un étang paisible ; le centre étant ému, il se forme à l'entour un cercle étroit suivi d'un autre un peu plus grand, puis successivement d'un autre qui s'étend davantage : il embrasse d'abord l'ami, le parent, le voisin, ensuite la Patrie &*

enfin tout le genre humain. * C'est ce que chante notre ami Pope, Monsieur, & c'est ce que je crois; c'est aussi ce que je prouverai, si je ne me trompe, dans une Lettre que je me propose de lui écrire pour en completer une certaine suite qui est commencée depuis quelques années.

Un homme de mon âge qui se remet à l'Etude de l'Histoire n'a point de tems à perdre, parce qu'il a peu à vivre : un homme de votre âge, Monsieur, n'a point de tems à perdre parce qu'il a beaucoup à faire. Ainsi pour différentes raisons, les mêmes

---

* *Self-love but serves the virtuous mind to wake,*
As the small pebble stirs the peaceful lake :
The center mov'd, a circle strait succeeds,
Another still, and still another spreads ;
Friend, parent, neighbour, first it willembrace ;
His country next, and next all human race.

regles nous conviennent. Nous devons éviter également l'un & l'autre, & de marcher en tâtonnant dans les ténébres & de courir à l'aventure en plein jour. J'ai perdu beaucoup de tems autrefois à suivre des sentiers ténébreux, *afin qu'on ne pût m'en donner à garder, afin de ne pas juger l'égerement qu'il y eût dans cette science obscure de l'antiquité quelque grande & mystérieuse vertu.* * Si vous vous en rapportez à ma parole, vous ne perdrez point votre tems de la même maniere; & j'aurai moins de regret à celui que j'ai mal employé si je viens à bout de vous persuader de passer rapidement des Traditions confuses de l'antiquité aux

---

* *Ne verba mihi darentur; ne aliquid esse in hac recondita Antiquitatis scientia magni ac secreti boni judicaremus.*

Histoires plus entieres & plus autentiques des tems postérieurs. Dans l'Etude de celle-ci nous trouverons plusieurs suites completes d'événemens précédées d'une exposition de leurs causes prochaines & éloignées rapportées dans toute leur étendue & accompagnées d'un détail de circonstances & de caracteres capable de transporter le Lecteur attentif dans ce tems-là même, de lui donner un rôle dans les Conseils & de le faire devenir Acteur dans toute la scène des affaires. De semblables traits, soit que nous les trouvions dans l'Histoire, ou que nous les en tirions par notre application, sont véritablement utiles; mais il n'y a que ceux-là. Ainsi l'Histoire devient ce qu'elle doit être, *la maîtresse de la vie humaine* *, comme on

* *Magistra vitæ.*

l'a quelquefois appellée aussi-bien que la Philosophie. Si elle n'est pas telle, elle ne sera tout au plus que *la Gazette de l'Antiquité* *, ou un Recueil sec d'anecdotes inutiles. Suetone dit que Tibere avoit accoutumé de demander aux Grammairiens, *qu'elle étoit la mere d'Hecube, quel nom Achille portoit parmi les Filles de l'Isle de Scyros, ce que chantoient ordinairement les Syrenes* ** ? Seneque parle de certains Auteurs Grecs qui discutoient avec beaucoup de soin ce qu'Anacreon aimoit le mieux du vin ou des femmes, si Sapho se prostituoit au public, & d'autres points de cette importance : & je ne doute aucunement qu'un

---

* *Nuncia vetustatis.*
** *Quæ mater Hecubæ, quod Achillis nomen inter virgines fuisset, quid Syrenes cantare solitæ ?*

homme plus lié que je n'ai l'honneur de l'être avec les Savans de notre Pays, n'en pût trouver quelqu'un qui se pique d'avoir découvert plusieurs anecdotes sur le Géant Albion ; sur Samothès fils de Brito, petit-fils de Japhet, & sur Brutus par qui on fait amener après le Siége de Troye une Colonie dans notre Isle que les autres avoient repeuplée après le Déluge. Mais dix millions d'anecdotes semblables, quand même elles seroient vraies, & des Volumes complets & autentiques de Mémoires Egyptiens ou Caldéens, Grecs ou Latins, Gaulois ou Bretons, François ou Saxons, ne seroient d'aucune valeur à mon gré, parce qu'elles ne seroient d'aucun usage pour notre avancement dans la sagesse & dans la vertu, si elles ne contenoient autre chose que des Dynasties & des Généalogies, ou un simple énoncé d'événemens mémorables suivant l'ordre des tems, comme des Journaux, des Tables Chronologiques, de séches & maigres Annales.

Je dis la même chose de toutes ces compositions modernes où nous trouvons des esquisses d'Histoires, mais rien qui mérite d'être appellé Histoire. Leurs Auteurs sont ou des Abbréviateurs ou des Compilateurs. Les Abbréviateurs ne font ni aucun honneur à eux-mêmes ni aucun bien au genre humain; car assurément l'Abbréviateur est d'une classe au-dessous du Traducteur, & le Livre, au moins le Livre d'Histoire, qui a besoin d'être abregé, ne mérite pas d'être lu ; ces sortes d'Ecrivains ont causé autrefois un dommage infini en substituant le plus souvent un mauvais Livre à la place d'un bon, & en donnant occasion aux hommes qui se contentent d'extraits & d'abrégés, de negliger & de perdre par cette négligence des originaux inestimables : c'est pour cette raison que je maudis d'aussi bon cœur Constantin Porphyrogenete que Gregoire. Les Compilateurs sont de quelque utilité en tant qu'ils contribuent à conserver les actes publics & les dates, & la mémoire des grands événemens ; mais ceux qui se livrent à ce travail ont rarement les moyens de savoir les incidens particuliers d'où dépendent tous les événemens publics, & plus rarement encore l'habileté & les talens nécessaires pour bien mettre à leur place tous les faits qu'ils savent ;

ils ne peuvent voir l'opération de la mine, mais ils ont soin de ramasser tout ce qu'elle fait sauter. C'est, ou ce devroit être à faire à d'autres, de séparer l'or pur des scories, de le frapper à leur coin, & d'enrichir les hommes au lieu de les charger. Quand il ne se trouve personne en état de bien remplir cette tâche, il peut y avoir des Antiquaires, il peut y avoir des Journalistes & des Annalistes, mais il n'y a point d'Historiens.

2. Il n'est pas inutile d'observer le progrès que les Romains & les Grecs firent dans l'Histoire. Les Romains eurent des Journalistes ou des Annalistes dès le commencement de leur état : Dans le sixiéme siécle, ou fort peu auparavant, ils commencerent à avoir des Antiquaires ; & il y eut des
Auteurs

Auteurs qui tenterent d'écrire de vraies Histoires. Je n'appelle ces premieres productions Historiques que des tentatives ou des essais ; & ce n'étoit pas autre chose en effet, soit parmi les Romains soit parmi les Grecs. *Les Grecs eux-mêmes écrivirent dans les commencemens comme notre Caton, comme Pictor, comme Pison* *. C'est Antoine ** que Ciceron fait parler ainsi dans le second Livre de l'Orateur. Il ajoute ensuite ; *ainsi, ce que furent chez les Grecs Pherecyde, Hellanicus, Acusilaus & beaucoup d'autres, Caton, Pictor & Pison l'ont été parmi nous* §. Je sais qu'à la rigueur, An-

---

* *Græci ipsi sic initio scriptitarunt, ut noster Cato, ut Pictor, ut Piso.*

** Non le Triumvir, mais son Grand-Pere, Orateur célébre.

§ *Itaque qualis apud Græcos Pherecydes,*

toine parle ici du défaut de style & du manque d'éloquence. On n'a d'eux, comme il s'exprime lui-même, *que des recits secs & sans ornemens* *. Mais comme ils manquoient de style & d'habileté pour écrire d'une maniere qui pût répondre à toutes les intentions de l'Histoire, aussi manquoient-ils de matériaux. Pherecydes écrivit quelque chose sur Iphigenie & sur les fêtes de Bacchus; Hellanicus fut un Historien Poëtique; & Acusilaus grava des généalogies sur des planches de cuivre. Pictor, que Tite-Live appelle *le plus ancien des Ecrivains* **, publia, à ce qu'il me semble, quelques courtes

―――――――――

Hellanicus, Acusilaus, aliique permulti, talis noster Cato, & Pictor, & Piso.

* *Tantummodo narratores non exornatores.*
** *Scriptorum antiquissimus.*

Annales de son propre tems ; il est à présumer que ni lui ni Pison ne pouvoient avoit de matériaux suffisans, pour l'Histoire de Rome, non plus que Caton pour les Antiquités d'Italie. Les Romains, comme les autres Peuples de ce Pays, ne faisoient que de sortir alors de la barbarie, & de commencer à prendre une teinture des Lettres ; car ce que les Colonies Greques pouvoient en avoir apporté en Sicile & dans les Provinces méridionales de l'Italie, ou se répandit peu, ou dura peu & ne fit en tout aucune figure. Et quelle que puisse être la science qui avoit fleuri parmi les anciens Etruriens (qui peut-être ne s'étendit jamais à rien de mieux que des augures, de la divination & des rites superstitieux) qui fut admirée &

cultivée en des siécles d'ignorance; cela même s'étoit oublié & perdu presque entiérement. Des Erudits qui voudroient nous donner toutes les traditions des quatre premiers siécles de Rome pour des Histoires autentiques, ont beaucoup appuyé sur de certaines Annales dont il est fait mention dans le lieu même que je viens de citer tout à l'heure. *Depuis la fondation de Rome jusqu'au Pontificat de P. Mucius*, dit le même Interlocuteur, *le Grand Pontife écrivoit tous les événemens de chaque année, & les marquoit sur un tableau qu'il exposoit dans sa maison, afin que tout le Peuple pût en avoir connoissance, & c'est ce que l'on appelle encore aujourd'hui les grandes Annales* *. Mais, Monsieur, ayez

* *Ab initio rerum Romanarum usque ad P.*

la bonté de faire attention que l'on a fait ici la même distinction que je fais entre le simple Annaliste & l'Historien : *L'Histoire n'étoit autre chose dans ces anciens tems que la composition des Annales* *. Remarquez pareillement, en passant, que Tite-Live, qui a fait des recherches sur cette matiere avec un soin particulier, assure positivement que la plus grande partie de tous les monumens publics & particuliers, entre lesquels il spécifie ces mêmes Annales, ont été détruits dans le sac de Rome par

Mucium, Pontificem Maximum, res omnes singulorum annorum mandabat litteris Pontifex Maximus, efferebatque in album, & proponebat tabulam domi, potestas ut esset populo cognoscendi, iidemque etiam nunc Annales maximi nominantur.

* *Erat Historia nihil aliud, nisi Annalium confectio.*

les Gaulois ; & Plutarque, dans la vie de Numa Pompilius, cite Clodius comme ayant avancé la même chose. Faites attention enfin à ce qui se rapporte plus immédiatement à notre objet présent : ces Annales ne pouvoient contenir rien de plus que de petites notes des choses mémorables sur un tableau suspendu dans la maison du Pontife, comme les régles du jeu dans la salle d'un Billard, & une Histoire fort approchante de ce que nous avons dans les Epitomes que l'on voit à la tête de chaque Livre de Tite-Live, ou de tout autre Historien, dans les inscriptions des médailles & bas-reliefs, ou dans quelques Almanachs modernes. C'étoient, sans doute, des matériaux pour l'Histoire, mais encore bien chetifs & insuffisans, tels qu'en pouvoient produire des siécles où savoir écrire & lire étoient des perfections si rares, que la Loi enjoignoit au Préteur *de ficher un clou dans la porte du Temple**, afin que l'on pût compter le nombre des années par le nombre des clous; tels en un mot que nous en avons dans les Annales des Moines & autres Chroniques anciennes des Nations aujourd'hui subsistantes; mais non pas tels qu'ils puissent mériter à leurs Auteurs le nom d'Historiens, ni même en mettre d'autres à portée d'écrire l'Histoire avec cette plénitude qui lui est nécessaire pour devenir une école de Morale & de Politique. La vérité est que les Nations ont leur enfance aussi-bien que les hommes, & le peu de faits de ce

* *Clavum pangere*

tems qu'ils retiennent, ne font pas ceux qui méritent le mieux d'être retenus, mais ceux qui étant les plus proportionnés à cet âge, font les plus fortes impreſſions ſur leurs eſprits. Chez les Nations qui conſervent long-tems leur gouvernement, & qui parviennent à la maturité de l'âge, les Arts & les Sciences d'agrément, auſſi-bien que les plus neceſſaires, ſont portées juſqu'à un certain dégré de perfection ; & l'Hiſtoire, qui n'étoit originairement deſtinée qu'à conſerver les noms ou peut-être les caracteres généraux de quelques hommes célébres, & à tranſmettre en gros à la poſtérité les événemens remarquables de chaque ſiécle, s'éleve peu à peu pour répondre à une autre fin plus noble.

C'eſt ce qui arriva chez les Grecs

& beaucoup plus chez les Romains, malgré le préjugé en faveur des Grecs, établi même parmi les Romains. J'ai quelquefois pensé que Virgile pouvoit avec autant de justice donner à ses Compatriotes la louange d'écrire mieux l'Histoire que celle de lui fournir les plus nobles sujets, en ces fameux Vers* où les différens mérites des deux Nations sont si délicatement touchés; mais il auroit affoibli la gradation en l'allongeant, & lui auroit fait perdre sa grace. Ouvrez Hérodote, vous êtes amusé par un agréable Conteur qui se propose de vous amuser, &

---

* *Excudent alii spirantia mollius æra,*
Credo equidem, vivos ducent de marmore vultus
Orabunt causas melius, cælique meatus
Describent radio, & surgentia sidera dicent:
Tu regere imperio populos, Romane, memento
Hæ tibi erunt artes, pacique imponere morem,
Parcere subjectis & debellare superbos.

rien de plus. Lisez Thucydide ou Xénophon, il est vrai que vous êtes instruit autant qu'amusé, & le Politique ou le Général, le Philosophe ou l'Orateur vous parlent à chaque page: ils écrivirent sur des sujets dont ils étoient bien informés, & ils les traiterent à fond: ils soutinrent la dignité de l'Histoire & regarderent comme au-dessous d'eux de r'habiller de vielles traditions, comme les autres Ecrivains de leur tems & de leur pays, & d'être les trompettes de l'Antiquité mensongere. L'on pourra peut-être reprocher à Xénophon sa Cyropædie; mais s'il l'a donna pour un Roman & non pour une Histoire (comme il peut l'avoir fait, quoi que nous puissions dire) il est à l'abri de ce reproche, & s'il l'a donna pour une Histoire & non pour Roman, je préférerois son autorité à celle d'Hérodote, ou de tout autre de ses Compatriotes. Mais quoi qu'il en soit de ce fait, & quelque mérite que nous puissions attribuer avec justice à ces deux Ecrivains qui furent presque les seuls de leur espéce, & qui ne traiterent que de petites portions d'Histoire, il est certain en général, que la légereté & le babil des Grecs les rendoient incapables de s'en tenir à la véritable regle de l'Histoire : & il faut que Polybe même & Denis d'Halicarnasse baissent le pavillon devant les grands Auteurs Romains. Plusieurs des premiers hommes de cette République écrivirent des Mémoires de leurs propres actions & de leur propre tems : Sylla, César, Labienus, Pollion,

Auguste & autres; quels Ecrivains de Mémoires, quels Compilateurs de matériaux Historiques! Quel génie ne falloit-il pas pour finir les Tableaux ébauchés par de tels Maîtres? Rome fournit des hommes capables de remplir cette tâche; les restes, les précieux restes de Saluste, de Tite-Live & de Tacite attestent cette vérité. Quand Tacite écrivit, il y avoit longtems que l'on avoit proscrit jusqu'aux apparence de la vertu, & le goût s'étoit corrompu aussi-bien que les mœurs. Cependant l'Histoire conservoit sa pureté & son éclat: elle les conservoit dans les Ecrits de quelques Auteurs que cite Tacite, mais surtout dans les siens propres, dont chaque ligne emporteroit la balance sur des Volumes entiers d'un Réteur tel que Famianus Strada. Je choisis celui-ci entre les modernes, parce qu'il avoit la sotte présomption de censurer Tacite & d'écrire lui-même l'Histoire; vous me pardonnerez, Monsieur, cette petite excursion en l'honneur d'un Auteur favori. Qu'elle Ecole de vertu & de sagesse nous eût été ouverte au renouvellement des Lettres, si les derniers Historiens de la République Romaine & les premiers de la Monarchie qui lui succéda, étoient parvenus jusqu'à nous dans leur entier ? Le peu qui s'en est conservé jusqu'à présent, quoiqu'interrompu & imparfait, compose le meilleur corps d'Histoire que nous ayons, ou plutôt le seul corps d'Histoire ancienne qui mérite d'être un objet d'Etude. Il est vrai qu'il nous manque à cette mémorable & fatale période où notre juste curiosité se trouve le plus vivement enflammée. Tite-Live employa quarante-cinq Livres pour amener son Histoire à la fin du sixiéme siécle, à la déclaration de la troisiéme Guerre Punique: mais il en employa quatre-vingt-quinze pour l'amener de là à la mort de Drusus, ce qui renferme cent vingt ou cent trente ans. Appien, Dion, Cassius & les autres, y compris même Plutarque, ne nous dédommagent guéres de ce qui est perdu de Tite-Live. Parmi tous les secours étrangers par lesquels nous tâchons de compenser en quelque sorte cette perte, les meilleurs sont ceux que nous trouvons répandus çà & là dans les Ouvrages de Ciceron. Ses Harangues particuliérement & ses

Lettres contiennent beaucoup d'anecdotes curieuses & de réflexions instructives sur les intrigues & les complots qui furent formés contre la liberté, depuis la conspiration de Catilina jusqu'à celle de César. L'état du Gouvernement, la constitution & l'harmonie de ses diverses parties, & les caracteres des principaux personnages qui figurerent dans ces tems-là sur la scéne du monde y sont présentés dans un jour plus grand & plus vrai qu'ils n'auroient peut-être paru, s'il eût écrit de propos délibéré sur ce sujet ; & dans ces Mémoires même qu'il avoit promis à Atticus d'écrire*. Il n'est pas à présumer que dans un tel Ouvrage il eût démasqué aussi libre-

---

* Excudam aliquod Heraclidium opus quod lateat in thesauris tuis.

ment que dans des Lettres familieres écrites par occasion, Pompée, Caton, Brutus & lui-même, les quatre hommes de la République sur les louanges de qui il s'arrête avec le plus de complaisance. Le tems où Tite-Live fleurit abondoit en matériaux de cette espece : ils étoient recens & autentiques ; il y avoit autant de facilité à se les procurer que de sureté à les employer. Quant à la maniere dont il les employa, en exécutant la seconde partie de son dessein : nous en pouvons juger par l'exécution de la premiere ; & je vous avoue, Monsieur, que je changerois de bon cœur (s'il étoit possible) ce que nous avons de cette Histoire pour ce qui nous en manque. Ne seriez-vous pas fort aise, Monsieur, de voir dans un champ de Tableau

bleau immense tout le progrès de la révolution de ce Gouvernement de la liberté dans la servitude ; tout l'enchaînement des effets & des causes apparentes & réelles, publiques & particulieres ; celles que tout le monde voyoit, & que tous les gens de bien déploroient & combattoient alors ; & celles qui étoient tellement déguisées par les préjugés, par les partialités d'un Peuple divisé, & même par la corruption des hommes que plusieurs ne les discernerent point, & que plusieurs autres pouvoient prétendre ne les point discerner jusqu'à ce qu'il fut trop tard de s'y opposer ? Je suis fâché de le dire, cette partie de l'Histoire Romaine seroit non-seulement plus curieuse & plus autentique que la premiere, mais d'une application plus importante & plus immédiate à l'état préſent de la Grande-Bretagne. Mais elle eſt perdue, la perte eſt irréparable, Monſieur, & vous ne ſauriez me blâmer de la déplorer.

3. Ceux qui ont arboté le ſcepticiſme peuvent ne pas regretter la perte d'une telle Hiſtoire : mais j'oſe les aſſurer qu'il faut qu'une Hiſtoire ſoit écrite ſur ce plan, ou qu'elle viſe au moins à ces perfections, ſans quoi elle ne répondra ſuffiſamment à aucune des intentions de l'Hiſtoire. Il eſt manifeſte qu'elle ne répondra pas ſuffiſamment à l'intention ſur laquelle je me ſuis étendu dans ces Lettres, qui eſt d'inſtruire la poſtérité par les exemples des ſiécles paſſés ; & je penſe qu'il eſt également manifeſte qu'on ne ſauroit même dire qu'une

Histoire raconte fidélement & nous instruit véritablement, si elle ne raconte pleinement, & si elle ne nous instruit de tout ce qui est nécessaire pour asseoir un jugement certain sur les matieres qui y sont contenues. Des faits nuds, sans les causes qui les ont produits ni les circonstances qui les ont accompagnés, ne suffisent pas pour caractériser des actions ou des entreprises. Il nous est impossible non-seulement d'y découvrir les nuances délicates de sagesse & de vertu, de folie & de vice, mais souvent même de déterminer auquel de ces caracteres elles se rapportent en général. Les Sceptiques dont je parle tombent donc dans cette absurdité : une Histoire leur semble mériter d'autant plus d'être rejettée qu'elle approche plus de la véritable idée d'une excellente Histoire, qu'elle nous informe mieux & nous instruit davantage. J'en ai assez dit sur l'incertitude de l'Histoire, & assez accordé pour contenter un homme raisonnable. J'ai avoué que les meilleures sont défectueuses; & j'ajouterai une observation qui ne s'étoit pas présentée à moi jusqu'ici. On ne distingue peut-être pas toujours assez ce que l'Historien ne dit que par conjecture. Un Ecrivain ingénieux peut faire quelquefois très-innocemment ce qu'un Ecrivain malicieux fait très-criminellement, toutes les fois qu'il ose le faire, & que sa malice l'y induit; il peut rendre raison des événemens après qu'ils sont arrivés, par un système de causes & de conduite qui ne les ont pas réellement produits, quoiqu'il ne soit ni impossible ni sans vraisemblance qu'ils les eussent produits. Mais cette observation comme plusieurs autres est une nouvelle raison pour examiner & comparer les autorités & pour donner la préférence à quelques-unes, mais non pas pour les rejetter toutes. Davila (grand Historien assurément, & que je ne me ferois non plus de scrupule d'égaler à Tite-Live à beaucoup d'égards, que de préférer à tous égards son compatriote Guichardin à Thucidide) Davila fut accusé dès que son Histoire parut, ou du moins fut soupçonné, de trop de rafinement & de subtilité à déveloper les motifs secrets des actions, de trop approfondir les causes des événemens, de les déduire souvent par un enchaînement progressif trop compliqué & trop artificieusement tissu; cependant une personne soupçonneuse qui rejetteroit cet Historien sur des motifs si vagues, auroit mauvaise grace à opposer ses soupçons à l'autorité du premier Duc d'Epernon qui avoit été un des principaux Acteurs dans la plupart des Scénes que Davila rapporte. Girard Secrétaire de ce Duc, & qui a écrit sa Vie d'une maniere qui n'est point à mépriser, raconte que cette Histoire parvint au lieu de la résidence du vieillard en Gascogne un peu avant sa mort; qu'il la lui lut, que le Duc confirma la vérité des narrations, & parut seulement surpris par quels moyens l'Auteur avoit pû être si bien informé des projets & des démarches les plus secrétes de ces tems-là.

4. Je me suis assez étendu sur cet article, Monsieur, & après ce que j'ai dit vous serez peut-être disposé à croire avec moi que de telles Histoires, soit anciennes ou modernes, sont les seules qui méritent d'être étudiées. Laissons les Savans crédules écrire l'Histoire sans matériaux, ou étudier des Histoires ainsi écrites, se débatre sur d'anciennes Traditions, & faire entendre différens airs sur le même branle de cloches. Laissons les Sceptiques dans l'Histoire moderne comme dans l'ancienne, triompher sur l'importante découverte des Ides d'un mois mises par erreur pour les Kalendes d'un autre, ou sur les diverses dates & les circonstances contradictoires qu'ils trouvent dans la Gazette de la semaine & dans le Mercure du mois,

Pendant qu'ils s'occupent de cela, Monsieur, nous continuerons, s'il vous plaît, vous & moi à considérer plus particuliérement que nous n'avons encore fait la regle ci-devant proposée, qui consiste à user de discernement & de choix dans l'étude de l'Histoire la plus autentique, & à ne pas errer à l'aventure en plein jour, ce qui est tout aussi essentiel que de ne pas marcher en tâtonnant dans les ténébres.

L'homme est le sujet de toute l'Histoire; & pour le bien connoître, il faut que nous le voyions comme l'Histoire seule peut nous le présenter; en tout tems, en tout Pays, en tout état, en la vie & à la mort. C'est pourquoi l'Histoire de quelque espéce que ce soit, des Nations civilisées & non civilisées, anciennes & modernes, en un mot toute Histoire qui descend dans un détail suffisant des actions & des caractéres des hommes, est utile pour nous familiariser avec notre espéce, ou pour mieux dire avec nous-mêmes. Ceux qui sont capables de donner de tels détails d'actions & de caractéres, se proposent pour l'ordinaire & devroient toujours se proposer expressément & directement d'instruire, & d'inculquer les principes généraux de vertu, & les regles générales de sagesse & de bonne politique qui résultent de tels détails; & c'est pour cela que pendant qu'ils racontent comme Historiens, ils insinuent souvent comme Philosophes; ils nous mettent en main, pour ainsi dire, à chaque occasion convenable, l'anneau d'une clef qui sert à nous faire souvenir de rechercher, & à nous guider dans la recherche des vérités que l'exemple qui nous est présenté établit & éclaircit. Si un Ecrivain néglige cette partie, nous sommes en état de suppléer à sa négligence par notre propre attention & notre vigilance ; & quand d'ailleurs il nous donne une bonne Histoire de Peruviens ou de Mexicains, de Chinois ou de Tartares, de Moscovites ou de Negres, nous pouvons nous plaindre de lui, mais nous devons beaucoup plus nous en prendre à nous-mêmes si nous n'en faisons pas une bonne leçon de Philosophie. Tel étant en général l'usage de l'Histoire, on ne doit pas le négliger ; chacun peut y suppléer par soi-même pour peu qu'il soit capable de lire & de réfléchir fur ce qu'il lit ; & quiconque le fera, y trouvera felon fa fituation, tout l'avantage qui peut réfulter d'avoir ainfi fait connoiffance de bonne heure avec les hommes. Nous ne fommes pas feulement des Voyageurs ou des Paffagers dans ce monde, mais nous y fommes abfolument étrangers à tous égards au premier pas que nous y faifons ; & nos guides font fouvent ignorans, fouvent infidéles. Par cette Carte du Pays que l'Hiftoire déploye devant nous, nous pouvons apprendre (fi nous voulons) à nous conduire nous-mêmes. Dans notre marche nous fommes obfédés de tous côtés : nous fommes quelquefois affiégés même dans nos plus fortes places ; des frayeurs & des tentations excitées par les paffions des autres hommes nous assaillissent; & nos propres passions d'intelligence avec eux nous trahissent. L'Histoire est un Recueil de Journaux de ceux qui ont voyagé dans le même Pays & été exposés aux mêmes accidens, & leurs bons & mauvais succès sont également instructifs. En cherchant ainsi à nous instruire, un champ immense s'ouvre devant nous: Histoires générales Sacrées & Profanes; Histoires particuliéres de contrées, de Sociétés, d'événemens, de personnes distinguées; Mémoires, Anecdotes, Voyages. Mais nous ne devons pas courir dans ce champ sans discernement sans choix; & même avec ces précautions nous ne devons pas y courir trop long-tems.

Quant au choix des Auteurs qui ont

écrit sur tous ces différens sujets, les Savans se sont si fort étendus sur ceux qui méritent quelque attention, & ont si bien marqué leurs divers caractéres qu'il y auroit une sorte d'affectation pédantesque à vous faire entrer dans un détail si ennuyeux & en même-tems si facile. Je passe donc là-dessus, afin d'observer qu'aussi-tôt que nous avons pris cette vûe générale des hommes & du cours des affaires humaines, dans les différens tems & les différentes parties du monde, nous devons nous attacher, & (vû la briéveté de la vie humaine) nous borner nous-mêmes presque entiérement dans notre étude de l'Histoire à celles qui ont une relation immédiate à notre profession, ou à notre rang & à notre situation dans la société à laquelle nous appartenons. Permettez-moi, Monsieur, d'apporter pour exemple la profession de la Théologie comme la plus noble & la plus importante.

J'en ai tant dit sur la part qu'à eu le Clergé de toutes les Religions à corrompre l'Histoire, que je ne saurois douter qu'il n'y eût des anathêmes lancés contre moi dans l'Orient & dans l'Occident, par le Dairo, par le Mufti, & peut-être par le Pape, si ces Lettres étoient soumises à la censure Ecclésiastique ; car assurement, Monsieur, les Prêtres peuvent prétendre, à plus juste titre que les enfans d'Apollon, à être appellés *des gens faciles à irriter* *. Que seroit-ce si j'entreprenois de montrer combien de Ministres de l'Eglise Chrétienne abu-

* *Genus irritabile vatum.*

sent encore par des déguisemens & de fausses citations de l'Histoire qu'ils ne sauroient plus corrompre ? C'est ce qu'il me seroit aisé de prouver ; mais comme je n'ai intention de parler ici que des Théologiens Chrétiens, j'ai intention de parler particuliérement de ceux d'entre eux qui peuvent être nommés véritablement Théologiens. Car je pense qu'il y en a de tels, qui croyent eux-mêmes & qui voudroient persuader les hommes, non par des vues temporelles, mais par des vues spirituelles; non pour l'intérêt du Clergé, mais pour l'intérêt du genre humain. Or ç'a été longtems un sujet d'étonnement pour moi, comment des personnes de ce caractere pouvoient se donner tant de peines mal à propos pour établir des Mystéres sur la Métaphysique, une révélation sur la Philosophie, & des matieres de fait sur des raisonnemens abstraits ? Une Religion fondée sur l'autorité d'une mission divine, confirmée par des Prophéties & des miracles porte sur des faits, & ces faits ont besoin que l'on en fasse la preuve, comme l'on fait celle de tous les autres faits qui passent pour autentiques: car la foi, qui devient raisonnable après cette preuve, seroit absurde sans cela. Ces faits étant une fois ainsi établis, la Religion prévaudra sans le secours de tant de profonds raisonmens ; s'ils n'étoient pas prouvés ainsi, son autorité tomberoit dans le monde malgré leur secours. Les Théologiens dans leurs disputes avec les Athées, objectent avec beaucoup de justice

justice à ces incrédules, qu'ils exigent des preuves impropres, des preuves qui ne sont pas assorties à la nature du sujet, & chicannent ensuite sur ce qu'on ne leur en a pas fourni de telles. Mais que nos Docteurs prennent garde de tomber à leur tour dans la même absurdité dans leurs disputes avec les Déistes, en rebattant sans cesse des preuves impropres à des oreilles qu'ils trouveroient peut-être ouvertes à des preuves plus sortables ? La matiere est de grande importance, Monsieur, & je ne vous fais point d'excuse du zéle qui m'oblige à m'y arrêter un peu. Une serieuse & honnête application à l'étude de l'Histoire Ecclésiastique & aux diverses parties de l'Histoire & de la Chronologie profane qui s'y rapportent, est indispensable aux hommes vénérables à qui ceci s'adresse, par deux raisons : parce que l'Histoire seule peut fournir les preuves propres de la divine origine de la Religion qu'ils enseignent; & parce que la mauvaise foi avec laquelle ces preuves ont été & sont encore souvent administrées donne des avantages aux ennemis de la Religion, & enfante des préjugés qu'il est bon de dissiper : nul homme de Lettres n'osera nier que l'on n'ait employé autrefois de fausses Histoires & des miracles supposés pour répandre le Christianisme ; & quiconque examinera les Ecrivains de nos jours, trouvera que le même abus de l'Histoire n'a pas entiérement cessé. On en pourroit produire mille & mille exemples ; cet abus a passé en coutume, les Ecrivains se copient l'un l'autre ; & dès que l'un a commis une erreur, ou inventé une fausseté, il y en a cent qui l'adoptent.

Abadie, dans son fameux ouvrage, dit que l'Evangile de Saint Matthieu est cité par Clement Evêque de Rome Disciple des Apôtres, que Barnabé le cite en son Epître, qu'Ignace & Polycarpe le reçoivent, & que les mêmes Peres qui rendent témoignage à S. Matthieu, le rendent pareille à S. Marc ; bien plus, vous trouverez à ce qu'il me semble, Monsieur, que l'Evêque de Londres d'aujourd'hui dans sa troisiéme Lettre Pastorale, insinue la même chose. Je ne vous importunerai point, ni ne m'embarrasserai moi-même d'un plus grand nombre d'exemples de la même espece; contentez-vous de celui-ci qui s'est offert à moi lorsque j'écrivois: il peut bien suffire, car je présume que le fait avancé par le Ministre & par l'Evêque, est une méprise. Si les Peres du premier siécle rapportent quelques passages qui soient conformes à ce que nous lisons dans nos Evangélistes, s'ensuivra-t-il que ces Peres avoient les mêmes Evangiles sous leurs yeux? Parler ainsi c'est faire de l'Histoire un abus manifeste & absolument inexcusable en des Ecrivains qui savoient, ou qui auroient dû savoir que ces Peres ont fait usage d'autres Evangiles où ces passages pouvoient se trouver, ou qu'ils pouvoient s'être conservés par une tradition non écrite; outre que j'oserois presque assurer que ces Peres du premier siécle ne nomment point expressément les Evangiles que nous avons, Evangiles de Mathieu, de Marc, de Luc & de Jean. A ces deux raisons que nous avons données, pourquoi ceux qui font leur profession de la Théologie devroient étudier l'Histoire, particuliérement l'Histoire Ecclésiastique, avec une très-sérieuse application ; afin de défendre la Foi Chrétienne contre les attaques des Incrédules, & de dissiper les doutes & les préjugés que la mauvaise foi des gens de leur propre ordre ont excités dans les esprits simples mais non aveugles, dociles à l'instruction mais curieux d'examiner : à ces raisons, dis-je, nous pouvons ajouter une autre considération qui ne me paroît pas peu importante. Les Ecrivains de la Religion Romaine ont entrepris de prouver que la Sainte Ecriture est à plusieurs égards insuffisante pour être la seule pierre de touche de l'Ortodoxie, j'appréhende même qu'ils ne l'ayent démontré; ils comptent que depuis la premiere prédication de la Foi jusqu'à ce jour; l'expérience a montré abondamment avec combien de facilité & de succès les opinions les plus opposées, les plus extravagantes & même les plus impies, & les dogmes les plus contradictoires peuvent être fondés sur le même Texte & défendus d'une maniere plausible par la même autorité. Les Ecrivains de la Religion Réformée ont dressé leurs batteries contre la Tradition; & la plus grande difficulté qu'ils ayent eu à surmonter dans cette entreprise, c'est de mirer & de pointer leur canon si bien qu'ils ne renversent pas avec la même batterie es Traditions qu'ils ont admises & celles qu'ils rejettent. Chaque parti s'est attaché à affoiblir la cause & ruiner le système de son Adversaire; & par cet acharnement, ils ont de concert porté la coignée à la racine de l'arbre; car voici comment le monde raisonne sur ce qu'ils ont avancé. » Si » le Texte n'a pas l'autenticité, la » clarté & la précision qui sont né- » cessaires pour l'établir comme une » regle divine & infaillible de Foi & » de pratique; & si la Tradition de » l'Eglise depuis ses premiers siécles » jusqu'aux tems de Luther & de Cal- » vin, s'est corrompue elle-même & » a servi à corrompre la Foi & la pra- » tique des Chrétiens, il ne reste

» donc absolument aujourd'hui aucu-
» ne regle sûre de la Foi Chrétienne.
» Par conséquent ou cette Religion
» n'étoit pas originairement d'institu-
» tion divine, ou bien Dieu n'a pas
» pourvû efficacement à en conserver
» la pureté naturelle, & malgré sa
» promesse les portes de l'enfer ont
» actuellement prévalu contre l'E-
» glise. » Souscrire à la derniere proposition, ce seroit être pire qu'un
Athée ; admettre la premiere, c'est jetter les hommes dans le Déisme. Le
dilemme est terrible, Monsieur ; le
zéle de parti & l'intérêt particulier
l'ont formé, il importe infiniment à
l'intérêt commun du Christianisme de
le résoudre. Or je prétens qu'on ne
sauroit le résoudre sans un examen
plus exact, non-seulement du systême

Chrétien, mais encore du systême Juif; peu de Savans ayant eu jusqu'ici assez d'impartialité ou de sagacité pour le faire, ou assez de franchise pour le communiquer. Tant que l'autenticité & le sens du Texte de la Bible demeurera aussi sujet à contestation, & la Tradition de l'Eglise aussi problématique, que les travaux immenses des Théologiens Chrétiens des diverses Communions les ont fait paroître; le Christianisme peut s'appuyer sur l'autorité Civile & Ecclésiastique & être soutenu par la puissante influence de l'éducation: mais la propre force de la Religion (cette force qui soumet l'esprit & retient la conscience par la conviction) lui manquera.

J'avois donc raison de citer la

Théologie comme un exemple de ces professions qui exigent une application particuliere à certaines parties de l'Histoire ; & puisque j'en ai déja tant dit sur ce sujet par zéle pour ma Religion, j'y ajouterai encore ceci. Le renouvellement des Lettres fut une époque fatale : depuis ce tems le systême Chrétien a été attaqué & même entamé sans miséricorde. Il est vrai qu'il a été mieux défendu par les Théologiens modernes qu'il ne l'avoit été par les Peres & par les Apologistes anciens ; les modernes ont inventé de nouvelles méthodes de défense, & ont abandonné quelques postes qui n'étoient pas tenables ; mais il y en a encore d'autres où ils combattent toujours avec beaucoup de désavantage. Tels sont une multitude de faits qu'on a cru pieusement dans les siécles passés, mais sur lesquels on a très-imprudemment appuyé la vérité du Christianisme dans des siécles plus éclairés, parce que la fausseté des uns & le manque total de vraisemblance des autres sont si évidens, qu'au lieu de répondre aux vues pour lesquelles on les a inventés, ils ont rendu suspect tout le corps de l'Histoire Ecclésiastique & de la Tradition, depuis même que l'on y a fait une sévere mais juste application des regles de la Critique. Je touche ces choses légérement, mais si vous y réfléchissez, Monsieur, vous trouverez peut-être des raisons pour penser comme moi, qu'il est tems enfin que le Clergé de toutes les Communions Chrétiennes se prêtent la main & établissent de concert les faits historiques qui font le fondement de tout l'édifice, sur une autorité historique claire & incontestable, telle qu'ils l'exigent des autres dans tous les points importans ; qu'ils rejettent de bonne foi ce qui ne peut s'établir ainsi ; & qu'ils poursuivent leurs recherches avec le même esprit de vérité dans tous les siécles de l'Eglise, sans avoir aucun égard aux Historiens, aux Peres, aux Conciles au-delà de ce qu'ils en peuvent prétendre à la rigueur en considération de ce qu'ils nous ont transmis, de la force qu'ils ont pour se soutenir par eux-mêmes, & du concours d'une autre autorité. Nos Pasteurs seroient, à mon avis, beaucoup mieux occupés ainsi qu'ils ne le sont ordinairement. Ceux du Clergé qui se font un métier de la Religion, qui ne considérent autre chose que la subsistance qu'elle leur fournit, ou dans un état plus éminent les biens & l'autorité dont ils jouissent par son moyen, peuvent se dire à eux-mêmes qu'elle durera autant qu'eux, ou que la politique & la raison d'Etat maintiendront la forme de l'Eglise après l'extinction de l'esprit du Christianisme ; mais ceux dont j'ai parlé ci-dessus, ceux qui se conduisent par des vues spirituelles & non temporelles, & qui ne désirent pas moins de voir les hommes croire & pratiquer ce que l'Eglise enseigne, que de les voir venir à l'Eglise & payer les Dixmes, sentiront & reconnoîtront le poids de semblables considérations ; & conviendront que quoique le Peuple ait été & puisse toujours être amusé, cependant la Religion a toujours perdu de plus en plus de son crédit depuis deux siécles, & qu'elle ne peut plus se soutenir comme elle se soutenoit avant cette époque; ni par aucun autre moyen que celui que je propose, & qu'une application convenable à l'étude de l'Histoire, de la Chronologie & de la Critique peut seule mettre nos Théologiens à portée de suivre avec succès.

Je pourrois montrer en d'autres professions, l'obligation qu'elles imposent aux hommes de s'appliquer à certaines parties de l'Histoire, & je ne saurois guères m'empêcher de le faire à l'égard de celle de la Jurisprudence, dans son origine la plus noble & la plus avantageuse au genre humain, dans son abus & son avilissement la plus sordide & la plus pernicieuse.

Un Jurisconsulte aujourd'hui (je parle de quatre-vingt dix-neuf au moins sur cent), n'est autre chose, pour me servir des termes de Ciceron, *qu'un petit Praticien défiant & rusé, un Crieur public, un Chicaneur, un Formaliste, un Eplucheur de syllabes* *. Mais il y a eu des Jurisconsultes qui étoient Orateurs, Philosophes, Historiens; il y a eu, Monsieur, des Bacons & des Clarendons. On n'en verra plus de semblables jusqu'à ce que dans un siècle plus heureux la vraie ambition ou l'amour de la réputation l'emporte sur l'avarice, & jusqu'à ce que les hommes trouvent du loisir & de l'encouragement pour se préparer

---

* *Nisi Leguleius quidam cautus & acutus; Præco actionum, Cantor formularum, Auceps syllabarum.*

à l'exercice de cette profession, en grimpant à la cime de la science (suivant l'expression de Mylord Bacon) au lieu de ramper toute leur vie au pied dans la vile mais lucrative pratique de toutes les petites ruses de la chicane. Jusqu'à ce que cela soit ainsi, la profession de la Jurisprudence méritera à peine d'être mise au rang des professions savantes ; & dès que cela sera ainsi, l'une des cimes auxquelles les Jurisconsultes auront à grimper, c'est l'étude de la Métaphysique, & l'autre l'étude de l'Histoire. Il faut qu'ils fouillent dans les replis secrets du cœur humain, & qu'ils se familiarisent bien avec tout le monde moral, afin de pouvoir découvrir la raison abstraite de toutes les Loix; & il faut qu'ils suivent les Loix des états

états particuliers & principalement du leur, depuis les premieres ébauches groſſiéres juſqu'aux plans les plus achevés, depuis les premieres cauſes ou les occaſions qui les ont produites, au travers de tous les effets bons & mauvais qu'elles ont produits. Mais je m'enfonce inſenſiblement dans un ſujet qui m'éloigneroit trop d'un autre qui vous touche plus immédiatement, Monſieur, & avec lequel je me propoſe de terminer cette longue Lettre.

Je ne m'arrête plus à conſidérer ces profeſſions auxquelles certaines parties, ou des eſpeces particulieres d'Hiſtoire ſemblent appartenir; je vais vous entretenir de l'étude de l'Hiſtoire, comme d'un moyen néceſſaire pour préparer les hommes à s'acquitter du devoir dont ils sont tenus envers leur Patrie, devoir commun à tous les membres d'une société fondée sur les regles de la droite raison, & avec une attention convenable au bien commun. J'ai trouvé dans les œuvres de S. Real, (autant que je puis me souvenir) que l'Auteur y jette du ridicule sur les particuliers qui font de l'Histoire une étude politique, ou qui s'attachent en aucune maniere aux affaires d'Etat: mais la réflexion est trop générale. Dans des Gouvernemens si arbitraires par leur constitution fondamentale que la volonté du Prince est non seulement la Loi suprême mais la seule Loi, tant s'en faut que ce soit un devoir, qu'il peut même être dangereux, & qu'il est au moins ridicule à des gens qui ne sont pas appellés par le Prince à l'administration des affaires publiques, de s'y ingérer d'eux-mêmes, ou seulement de s'y destiner. On ne peut y avoir d'autre vocation que la faveur de la Cour; & quelque désignation que Dieu fasse par les talens qu'il accorde, quoique cela puisse servir à diriger le choix du Prince, (ce qui est encore fort rare) cependant je pense que cela ne sauroit faire une raison pour des particuliers, ou leur imposer l'obligation de se dévouer au service du public. Regardez le Gouvernement des Turcs: voyez un homme de néant que le caprice du Prince à tiré de la barque où il ramoit; voyez-le investi le lendemain de toute l'autorité dont les Soudans furent revêtus sous les Califes, ou les Maires du Palais sous les successeurs de Clovis: voyez tout un Empire gouverné par l'ignorance, l'inexpérience & les dispositions arbitraires de ce Tyran, & de quelque peu d'autres Tyrans subordonnés qui n'ont ni plus de principes, ni plus d'expérience que lui. Il est vrai qu'en France, quoique le Gouvernement soit arbitraire, les choses vont un peu mieux; les arts & les sciences sont encouragés, & on peut y trouver par-ci par-là quelque exemple d'un homme qui s'est élevé par des talens extraordinaires, parmi des exemples innombrables de gens qui sont parvenus aux plus grands honneurs & aux postes les plus éminens sans autre mérite que celui d'une patiente & servile assiduité, ou d'une supériorité de savoir en quelque chétif & puérile amusement *. La Nobleſſe de France, comme les enfans de tribut parmi les anciens Saraſins & les Turcs modernes, eſt reſervée pour la guerre: on l'éleve à faire l'amour, à chaſſer & à ſe battre; & ſi quelques-uns d'entre eux acqueroient des connoiſſances ſupérieures à celles-là, ce qu'ils en acquerreroient pourroit leur être préjudiciable à eux-mêmes, ſans être d'aucune utilité à leur Patrie. Les affaires d'Etat ſont confiées à d'autres mains : les uns s'y ſont élevés par de longs ſervices dans les plus bas emplois ; quelques-uns ont été faits Miniſtres preſque dès le berceau; & toute l'autorité du Gouvernement a été remiſe à

---

* Par exemple à dreſſer des Guêpes à prendre leur eſſor reguliérement comme des Faucons, & à fondre ſur les Mouches.

d'autres, lorsqu'ils ont commencé à radoter. Il y a une autre Monarchie également absolue, j'entens celle de la Chine, où (même depuis l'établissement de la domination des Tartares) le Gouvernement est administré sous la direction du Prince par plusieurs classes de Mandarins, & conformément aux délibérations & aux avis de plusieurs ordres de Conseils; & l'entrée dans ces classes & dans ces ordres dépend de la capacité des Candidats, comme leur élévation aux supérieures dépend de la conduite qu'ils tiennent, & du bien qu'ils font dans les premieres. Sous un tel Gouvernement, il n'est ni déplacé ni ridicule à aucun des sujets qui y sont invités par les circonstances où ils se trouvent, ou qui s'y sentent poussés par leurs talens, de faire de l'Histoire, tant de leur propre pays que des autres, une étude politique, & de se disposer par-là ou par tout autre moyen à servir le public. Il n'y a pas non plus de danger à cela (ou il en résulte un honneur qui compense avantageusement ce danger) puisque suivant l'ancienne constitution de ce Gouvernement, de simples particuliers ont droit, tout comme les Conseils d'Etat, de représenter au Prince les abus de son administration. Mais néanmoins les hommes n'y ont pas occasion de s'immiscer dans les affaires de l'Etat comme la nature d'un Gouvernement libre la donne à tous ses Membres. Dans notre Patrie (car notre Patrie a conservé jusqu'ici au moins la forme d'un Gouvernement libre) les hommes ne font pas feulement deftinés au fervice du Public par les circonftances de leur fituation & par leurs talens, comme il peut arriver en tout autre Pays ; mais ils y font deftinés par leur naiffance en plufieurs cas, & ils peuvent dans tous les cas fe dévouer eux-mêmes à ce fervice & y prendre quelque part en différens dégrés, foit que le Prince les y appelle ou non. Dans des Gouvernemens abfolus, tout fervice public appartient au Prince, & il nomme tous ceux qui doivent fervir le Public. Dans des Gouvernemens libres, il y a un fervice principal & diftingué dû à l'Etat ; & le Roi même d'une Monarchie limitée comme la nôtre n'eft que le premier Officier de la Nation. Parmi fes Sujets, quelques-uns font diftingués par la constitution primordiale & d'autres sont élus par le Peuple pour exercer conjointement avec lui le pouvoir de la Législation & pour contrôler indépendamment de lui celui de l'exécution. C'est ainsi, Monsieur, que vous êtes né Membre de cet ordre de personnes dans lequel réside la troisiéme partie de l'autorité suprême du Gouvernement, & votre droit à l'exercice de l'autorité appartenante à cet ordre, n'étant pas encore ouvert, vous êtes aggregé par choix à un autre corps de personnes, qui ont une autorité différente, & une constitution différente, mais qui possédent un autre tiers de l'autorité suprême de la Législation, pendant autant de tems que dure la Commission ou l'Emploi qui leur est délégué par le Peuple.

Des hommes libres qui ne sont ni nés pour le premier, ni élus pour le second, ont néanmoins le droit de se plaindre, de représenter, de requérir, & j'ajoute même de faire plus dans des cas de la derniere extrémité. Car assurément il ne sauroit y avoir une plus grande absurdité que de prétendre que les Peuples ayent une ressource dans la résistance quand leur Prince tente de les asservir, & qu'ils n'en ayent aucune quand leurs Représentans les vendent après s'être vendus eux-mêmes.

Le précis de ce que j'ai dit, c'est que dans les Gouvernemens libres, le service du Public n'est pas restraint à ceux que le Prince établit en différens Postes de l'administration sous lui ; que dans ces Pays le soin de l'Etat est le soin de la multitude ; que plusieurs y sont appellés d'une maniere particuliere par leur rang & par d'autres circonstances de leur situation ; & que ceux même que le Prince établit ne sont pas responsables de leur conduite dans leurs postes respectifs à lui seul, mais comme à lui & avant lui, à la Nation. Il n'en est donc pas d'un tel Pays comme de celui de l'Abbé de S. Réal * ou du Perou sous les Incas ** ; dans notre Patrie il n'est ni déplacé ni ridicule aux personnes de tous rangs de se mettre au fait des affaires dans lesquelles ils peuvent être Acteurs eux-mêmes, ou Juges des Acteurs, ou Contrôleurs des Juges. Au

* Qui étoit je crois la Savoye.
** Où Garcilasso de la Vega, dit qu'il n'étoit permis à personne qu'aux Nobles d'étudier.

contraire il est indispensable à chacun de s'instruire lui-même autant qu'il en a les moyens & les facilités, de la nature & des intérêts du Gouvernement, & des droits & des devoirs qui le concernent lui, ou ses Supérieurs, ou ses inférieurs. Ceci est général, mais en particulier il est certain que les obligations qui nous sont imposées de servir notre Patrie augmentent à proportion du rang que nous tenons & des autres circonstances de notre naissance, de notre fortune & de notre situation qui nous appellent à ce service, & sur-tout à proportion des talens que Dieu nous a donnés pour nous en acquitter.

C'est dans cette vue, Monsieur, que je vous adresserai ce qui me reste encore à dire sur l'étude de l'Histoire.

LETTRE SIXIÈME,

Depuis quelle période l'Histoire moderne est particuliérement intéressante pour le service de notre Patrie. (Depuis la fin du quinziéme siécle jusqu'à présent.)

Division de cette Période en trois Sections, ou Périodes particuliéres pour faire une esquisse Historique de l'état de l'Europe depuis ce tems.

Puisque par votre naissance, Monsieur, par la nature de notre Gouvernement & par les talens que Dieu vous a donnés, vous êtes attaché pour la vie au service de votre Pays ; puisque le génie seul ne sauroit vous rendre capable de vous acquitter de ce devoir à votre honneur & à l'avantage de votre Patrie, soit que vous ayez à défendre ou à combattre les ministéres qui s'éleveront; puisque vous avez besoin pour cet effet d'un grand fonds de connoissances acquises de bonne heure & continuellement perfectionnées, & qu'une partie de ce fonds doit se tirer de l'étude de l'Histoire, comme l'autre doit provenir de l'observation & de l'expérience; je vais actuellement vous parler d'une Histoire qui ait une relation immédiate au devoir & à l'affaire principale de votre vie, & de la méthode qu'il faut suivre en l'étudiant. Les notes que j'ai par devers moi, dont j'ai fait quelque peu d'usage jusqu'ici, ne peuvent plus me servir, & je n'ai aucuns Livres à consulter : n'importe, je serai en état de vous expliquer mes pensées sans ce secours, & moins exposé à vous ennuyer; j'espere qu'aidé de ma mémoire seule je pourrai traiter ce sujet avec toute l'abondance & l'exactitude qu'exige la maniere dont je l'ai envisagé.

Je dis donc que, quoique les affaires soient fortement enchaînées l'une à l'autre dans la progression des Etats, & que les événemens qui suivent soient dépendans de ceux qui les ont ont précédés, leur liaison devient moins sensible à la vue à mesure que la chaîne s'allonge, jusqu'à ce qu'enfin elle semble rompue; & dès-lors les anneaux qui en forment la continuation n'ont ni proportion, ni ressemblance avec les précédens. Qu'on n'aille pas croire que je ne parle ici que de ces grands changemens qui sont produits par un concours d'événemens extraordinaires, tels que l'expulsion d'une Nation, la destruction d'un Etat & l'établissement d'un autre ; je parle de ceux-même qui sont produits dans un même Etat & chez un même Peuple lentement & presque imperceptiblement par les effets nécessaires du tems & la condition variable des choses humaines. Quand de tels changemens arrivent en plusieurs Etats à peu près en même tems, & en affectent d'autres par leur voisinage, & par plusieurs relations différentes qu'il y a ordinairement de l'un à l'autre, c'est alors que se forme une de ces époques, où la chaîne dont nous parlons est tellement rompue qu'elle n'a que peu ou point de liaison réelle ou visible avec celle que nous voyons repartir de là.

Une

Une nouvelle situation différente de la précédente, engendre de nouveaux intérêts dans la même proportion de différence, non seulement en tel ou tel état particuliers, mais dans tous ceux qui sont intéressés par le voisinage ou par diverses autres relations dans un système général de politique. De nouveaux intérêts engendrent de nouvelles maximes de Gouvernement, & de nouveaux plans de conduite; ceux-ci à leur tour engendrent de nouvelles mœurs, de nouveaux usages, de nouvelles coutumes. Plus cette nouvelle constitution des affaires durera, plus cette différence s'accroîtra; & quoiqu'il puisse rester longtems quelqu'analogie entre ce qui a précédé & ce qui suit une telle époque, cependant cette analogie devient bientôt un objet de pure curiosité, & non d'une recherche fructueuse. C'est donc là véritablement & à la lettre une Epoque ou une Ere, un point de tems auquel vous vous arrêtez, & duquel vous commencez à compter en descendant. Je dis en descendant, parce que dans le cas présent nous ne devons pas étudier, comme les Chronologistes comptent ordinairement, en remontant. Si nous persistions à porter nos recherches beaucoup plus haut, & à les pousser même jusqu'à quelqu'autre période de la même espéce, nous employerions mal notre tems, les causes existantes alors s'étant consumées d'elles-mêmes, la suite des effets qui en sont dérivés s'étant écoulée, & notre intérêt aux uns & aux autres ayant par conséquent pris fin. Mais un nouveau systême de causes & d'effets qui subsiste de notre tems, & dont notre conduite doit faire partie commençant à la derniere époque, & tout ce qui se passe de nos jours dépendant de ce qui s'est passé depuis cette époque, ou y ayant une relation immédiate, nous avons un extrême intérêt à nous mettre bien au fait de tous ces événemens. Il seroit honteux d'être absolument ignorant sur les tems qui précedent cette Ere; on peut même se laisser aller à une curiosité modérée en les passant en revue: mais de s'y rendre savant, c'est une affectation ridicule pour quiconque veut être utile à la génération présente. Jusqu'à cette Ere, lisons l'Histoire; depuis cette Ere jusqu'à notre tems, étudions-la.

La fin du quinziéme siécle me semble faire précisément une époque telle que je l'ai décrite, pour ceux qui vivent dans le dix-huitiéme, & qui habitent les parties occidentales de l'Europe. Un peu avant ou un peu après ce point de tems, on vit arriver tous ces événemens, & commencer toutes ces révolutions qui ont produit un si prodigieux changement dans les mœurs, les coutumes & les intérêts des Nations diverses, & dans toute la Police Ecclésiastique & Civile de ces parties du monde. Il faut que je descende ici en quelque détail, non d'Histoires, de Recueils ou de Mémoires ; car tout cela est bien assez connu ; & quoique peu de gens en ayent le contenu dans leur tête, les Livres sont entre les mains de tout le monde. Mais au lieu de vous montrer où il faut regarder, j'espere contribuer davantage à votre amusement & à votre instruction, Monsieur, en vous marquant (autant que ma mémoire pourra me servir à le faire) ce que vous devez y regarder, & en vous fournissant une sorte de clef pour vos études. Je vais, selon la coutume, donner le pas à la Religion.

Vue du Gouvernement Ecclésiastique de l'Europe, depuis le commencement du seiziéme siécle.

Observez donc, Monsieur, que la démolition du Trône *Papal* ne fut tentée avec quelque apparence de succès qu'au commencement du seiziéme siécle. Si vous êtes curieux de jetter les yeux plus loin, vous trouverez dans l'onziéme Berenger à qui l'on ferma bien-tôt la bouche, & Arnold que l'on fit bien-tôt pendre, dans le douziéme Valdo, & dans le quatorziéme notre Wiclef & peut-être quelques autres que je ne me rappelle pas. Quelquefois les Dogmes de l'Eglise furent seuls attaqués, & quelquefois tout ensemble, le Dogme, la Discipline & les usurpations du Pape. Mais ces petits feux allumés dans quelques coins d'un monde ténébreux furent bien-tôt étouffés par le Bourreau, ce grand fauteur de l'unité Romaine : Quand ils s'étendirent & jetterent des flammes, comme dans le cas des Albigeois & des Hussites ; on leva des Armées pour les éteindre avec des torrens de sang ; & des Saints tels que Dominique coururent le Crucifix à la main animer les Troupes aux dernieres barbaries.

Vous trouverez, Monsieur, que l'Eglise de Rome se soutint principalement par ces charitables & salutaires moyens, jusqu'à l'époque dont nous parlons: & vous serez curieux, j'en suis sûr, de chercher comment il s'est fait que cette époque lui ait été plus fatale qu'aucune conjoncture précédente? Une multitude de circonstances que vous découvrirez aisément dans les Histoires du quinziéme & du seiziéme siécles, sans remonter plus haut, concoururent à amener ce grand événement, & une multitude d'autres également aisées à développer, concoururent à empêcher que la démolition ne devint totale, & à étayer l'édifice chancelant. Entre ces circonstances, il y en a une moins compliquée & plus visible que les autres, qui fit le plus grand effet & presque le tout. L'Art de l'Imprimerie avoit été inventé environ quarante ou cinquante ans avant l'époque que nous fixons; dès-lors le renouvellement des Lettres avança à grands pas, & à cette époque elles avoient déja fait un progrès considérable & étoient cultivées avec beaucoup d'application. Mahomet II. les chassa d'Orient en Occident, & les Papes se trouverent à cet égard plus mauvais politiques que les Muftis. Nicolas V. encouragea les Sciences & les Savans, Sixte IV. fut au moins fort curieux de rassembler des Livres, & Leon X. fut le protecteur de tous les Arts, & de toutes les Sciences. Les Magiciens rompirent eux-mêmes le charme par lequel ils avoient tenu les hommes enchaînés pendant tant de siécles, & l'aventure de ce Chevalier errant qui se croyant heureux entre les bras d'une Nymphe céleste se trouva le malheureux esclave d'une Sorciere infernale, se renouvella en quelque sorte. Aussi-tôt que les moyens d'acquérir & de répandre des connoissances devinrent plus communs, il n'est pas étonnant que l'on ait vû ébouler un systême, qui n'avoit jamais pû être tissu avec succès que dans des siécles d'une ignorance grossiére & d'une superstitieuse crédulité. Je pourrois vous marquer, Monsieur, plusieurs autres causes immédiates, soit générales comme celle dont j'ai parlé, soit particuliéres. Le grand schisme, par exemple, qui finit au Concile de Constance au commencement du quinziéme siécle, avoit occasionné un scandale prodigieux; deux ou trois Vicaires de Jesus-Christ, deux ou trois Chefs infaillibles de l'Eglise rodant par le monde en même-tems, fournirent matiére de ridicule & de scandale tout à la fois; & comme ils appelloient aux Puissances Séculiéres, & qu'ils s'accusoient & s'excommunioient l'un l'autre, ils apprirent au monde ce qu'il falloit penser tant de l'institution que de l'exercice de l'autorité Pontificale. La même Leçon fut enseignée par le Concile de Pise qui avoit précédé, & par le Concile de Basle qui suivit celui de Constance. Les crimes horribles d'Alexandre VI. l'imprudente ambition de Jules II. l'immense profusion & les exactions scandaleuses de Leon X. tous ces événemens & ces caractéres qui s'étoient suivis sans interruption depuis le commencement du quinziéme siécle, avoient préparé les voyes à la révolution qui arriva au commencement du suivant. On trouve dans l'Etat de l'Allemagne, dans l'Etat de l'Angleterre & dans celui du Nord des causes particuliéres de cette révolution dans ces Pays divers. Tels furent plusieurs événemens remarquables qui arriverent aux environs de ce tems chez ces diverses Nations ; & tels furent pareillement les caractéres de la plupart des Princes de ce siécle, dont quelques-uns (comme l'Electeur de Saxe) favoriserent la Réforme par un principe de conscience, tandis que la plupart la favorisoient, précisément comme d'autres s'y opposerent par un motif d'intérêt. Vous reconnoîtrez évidemment, Monsieur, que ce fut le cas le plus ordinaire, & la seule différence que vous trouverez entre Henri VIII. & François I. dont l'un se sépara du Pape & l'autre lui resta attaché, c'est que Henri VIII. partagea avec son Clergé Séculier & avec son Peuple les dépouilles du Pape & des Moines ses Satellites ; & François I. partagea avec le Pape les dépouilles de son Clergé Séculier & Régulier & de son Peuple. Avec le même œil impartial que vous voyez, Monsieur, les abus de la Religion, & la corruption tant de l'Eglise que de la Cour de Rome, qui occasionna la Réforme à cette Période ; vous observerez aussi les caractéres & la conduite de ceux qui commencerent, qui étendirent, ou qui favoriserent la

Réforme ; & les observations que vous ferez sur ces choses, aussi-bien que sur la maniere peut réfléchie dont la Réforme fut conduite en même-tems en divers lieux, & sur le manque de concert & même de charité entre les Réformateurs, vous apprendront ce qu'il faut penser des diverses Religions qui s'unirent dans leur opposition à l'Eglise Romaine, & qui cependant se haïssoient réciproquement de tout leur cœur ; ce qu'il faut penser des diverses Sectes qui ont poussé comme des rejettons de ces grandes racines ; & quels sont les vrais principes de la Police Ecclésiastique Protestante. Cette Police ne reçut l'être que lorsque Luther fit son établissement en Allemagne ; lorsque Zuingle en commença un autre en Suisse, que Calvin accrédita,* & en déroba l'honneur au premier Aventurier; & lorsque la Réformation fut perfectionnée dans notre Pays sous Edouard VI. & Elisabeth. Et même la Police Ecclésiastique Papiste est fort changée depuis cette Ere : le Saint Pere n'est plus à la tête de toute l'Eglise Occidentale ; & pour conserver la partie qui lui reste attachée, il est obligé de relâcher leurs chaînes & d'alléger son joug; l'esprit & les prétentions de sa Cour sont les mêmes, mais la puissance non; il gouverne plus par expédiens & par manége, & moins par autorité; ses Décrets & ses Brefs sont exposés à être refusés, expliqués & éludés, à moins qu'il n'en négocie

* Comme Americ Vespuce qui suivit Christophe Colomb.

l'acceptation avant que de les donner, qu'il ne gouverne de concert avec son troupeau, & qu'il ne nourrisse ses brebis suivant leur goût & leurs intérêts ; enfin, ses excommunications qui faisoient trembler les plus grands Empereurs, sont méprisées par les derniers Membres de sa Communion, & le reste d'attachement pour lui a plutôt été depuis cette Epoque un expédient politique pour conserver une apparence d'unité, qu'un principe de conscience ; quoiqu'ayent pû penser quelques Princes bigots, quoiqu'ayent pû enseigner des Prélats ambitieux & des Ecrivains mercénaires, & quoiqu'ait pû faire un Peuple dressé à l'entousiasme par des Prédicateurs Fanatiques. Les preuves de ceci seroient aisées à tirer, non-seulement de la conduite des Princes tels que Ferdinand I. & Maximilien II. qui ne pouvoient guéres paſſer pour Papiſtes quoiqu'ils s'en tinſſent à la Communion du Pape, mais de celle même des Princes qui ont perſécuté avec le plus de violence leurs Sujets Proteſtans. En voilà, je crois, aſſez de dit pour vous faire voir, Monſieur, combien il eſt peu néceſſaire de remonter dans l'Hiſtoire plus haut que le commencement du ſeiziéme ſiécle, pour acquérir toute la connoiſſance néceſſaire aujourd'hui de la Police Eccléſiaſtique, ou de la Police Civile, en tant qu'elle eſt relative à la premiere. Les monumens Hiſtoriques qui y ont rapport ſont entre les mains de tout le monde, les faits ſont ſuffiſamment vérifiés, & les ſcènes entiéres ſont

ouvertes

ouvertes à nos observations ; celle même qui fut représentée avec tant de solemnité & de rafinement au Concile de Trente ne sauroit en imposer à quiconque lit aussi-bien Fra-Paolo que Palavicin, & les Lettres de Vargas.

Vue du Gouvernement Civil de l'Europe au commencement du XVIe siécle.

1. *En France.*

Il est nécessaire de remonter un peu plus haut pour observer ces grands changemens dans le Gouvernement Civil des principales Nations de l'Europe, dans le partage de la puissance entre eux, & par conséquent dans tout le système de la Police Européenne ; changemens qui ont produit des effets si remarquables pendant plus de deux siécles, & en produisent encore

Tome I. S

aujourd'hui. Je ne ferai pas cet outrage à la mémoire de notre Henry VII, de le comparer à Louis XI, & cependant j'apperçois entre eux quelque reſſemblance qui peut-être auroit paru plus grande ſi Philippe de Comines avoit écrit l'Hiſtoire de Henry auſſi-bien que celle de Louis, ou ſi Mylord Bacon avoit écrit celle de Louis auſſi-bien que celle de Henry. Ce Prince parvint au Trône d'Angleterre un peu avant la fin du quinziéme ſiécle, & Louis avoit commencé à regner en France environ vingt ans plutôt; leurs regnes font des époques remarquables dans les Hiſtoires des deux Nations. Le principal objet de l'un & de l'autre fut de reduire la puiſſance, les priviléges & les poſſeſſions de la Nobleſſe, & d'accroître les revenus & l'autorité de la Couronne; en quoi leur succès fut si grand que depuis ce tems les Constitutions des deux Gouvernemens ont plus ressemblé, quant au nom & à la forme, que dans la réalité, à celles qui avoient eu lieu jusqu'alors. Louis XI fut le premier, disent les François, *qui mit les Rois hors de Page* ; l'indépendance de la Noblesse avoit rendu l'état de ses Prédécesseurs très-dépendant, & leur autorité peu assurée ; Ils étoient Souverains de grands Vassaux, mais ces Vassaux étoient si puissans que quelquefois un seul d'entre eux, & toujours deux ou trois étoient en état de donner la Loi au Souverain. Avant que Louis parvint au Trône, les Anglois avoient été dépouillés de leurs possessions en France beaucoup moins par l'habileté de Charles VII (qui semble n'avoir été ni un grand Héros, ni un grand Politique) moins même par la vigueur & l'union de la Noblesse de France à son service, que par le pitoyable caractere d'Henry VI, les troubles domestiques de son Regne, & le détachement de la Maison de Bourgogne de son alliance. Après que Louis XI fut monté sur le Trône, Edouard IV fit mine de reporter la guerre en France; mais il retourna bien-tôt sur ses pas, & vous ne serez pas embarrassé, Monsieur, de trouver dans la situation de ses affaires & dans le caractere de ses Alliés de beaucoup meilleures raisons de cette retraite, que celles que Philippe de Comines tire des finesses de Louis; de la bonne chere & de ses pensions

Or depuis ce tems, nos prétentions sur la France ont été réellement abandonnées, & Charles le Hardi dernier Prince de la Maison de Bourgogne ayant été tué, Louis n'eut plus de Vassal capable de lui donner de l'inquiétude. Il réunit le Duché de Bourgogne & l'Artois à sa Couronne, il acquit la Provence par donation, & son fils la Bretagne par mariage; & ainsi la France parvint dans le cours de peu d'années à former ce corps grand & serré que nous voyons à présent. L'Histoire de France, avant cette époque, est comme celle d'Allemagne, une Histoire compliquée de divers Etats ayant divers intérêts, quelquefois concourans comme membres de la même Monarchie, & quelquefois se faisant la guerre l'un à l'autre. Depuis cette époque, c'est l'Histoire d'un seul Etat sous un Gouvernement plus uniforme & plus régulier ; l'Histoire d'une Monarchie dont le Prince est le Propriétaire d'une bonne partie des grands Fiefs & le Seigneur de tous ; où l'autorité de plusieurs petits Tyrans étant rentrée dans la main du Souverain, quoique le Peuple ne soit pas devenu plus libre, néanmoins tout le système de la police intérieure est entiérement changé. La paix est mieux assurée au dedans, & la Nation est devenue plus propre à porter la guerre au dehors. On a encore vu depuis ce tems des Gouverneurs de grandes Provinces & de Places fortes, résister à leur Roi & prendre les armes contre son autorité & sa commission ; cependant il n'y a non plus de ressemblance entre l'autorité & les prétentions de ces Gouverneurs, ou la nature & les occasions de ces disputes, & l'autorité & les prétentions des Vassaux de la Couronne dans les siécles précédens, ou la nature & les occasions de leurs disputes avec le Prince & entre eux, qu'il n'y en a entre les anciens Pairs de France & ceux d'aujourd'hui. En un mot la constitution est tellement transformée que, quelque connoissance que nous puissions acquérir sur ce point dans l'Histoire qui précéde cette époque, elle nous servira fort peu dans notre étude de l'Histoire qui la suit, & beaucoup moins encore nous aidera-t-elle à bien juger de ce qui se passe de nos jours. Depuis ce tems, les Rois de France plus maîtres au dedans ont été plus en état de déployer leurs forces au dehors, & ils commencerent à le faire incontinent; car Charles VIII fils & successeur de Louis XI, forma de grands desseins de conquêtes étrangeres, quoiqu'ils ayent échoué par son incapacité, par la légereté de la Nation, & par d'autres causes. Louis XII & François I, mais principalement François, se mêlerent fort avant dans les affaires de l'Europe; & quoique le génie supérieur de Ferdinand, surnommé le Catholique, & l'étoile de Charles-Quint l'ayent emporté sur eux, toutefois les efforts qu'ils firent montrerent suffisamment combien la force & l'importance de cette Monarchie étoit accrue de leur tems. De-là nous pouvons dater pareillement la rivalité de la Maison de France

*& de la Maison d'Autriche, qui continue jusqu'à préfent, & qui a coûté tant d'or & de fang depuis qu'elle dure.

2. *En Angleterre.*

Quoique la Nobleffe ait perdu de la puiffance & de fon crédit dans le grand changement qui commença fous Henri VII en Angleterre, auffi-bien que dans celui qui commença fous Louis XI en France, cependant les nouvelles conftitutions que ces changemens produifirent, furent fort différentes. En France, il n'y eut que les Seigneurs qui perdirent, il n'y eut que le Roi qui gagna, le Clergé conferva fes Poffeffions & fes Immunités, & le Peuple demeura dans un état d'efcla-

* Car dans cette occafion nous pouvons compter pour une la Maifon de Valois & celle de Bourbon.

vage mitigé. Mais en Angleterre, le Peuple gagna auſſi-bien que le Prince ; les Communes avoient déja une part dans la Légiſlation, de ſorte que la puiſſance & le crédit des Seigneurs étant ruinée par Henri VII, & la richeſſe des Communes augmentée par l'acquiſition des biens d'Egliſe que ſon fils vendit, la puiſſance de ces derniers s'accrut en même-tems par ce changement en une nouvelle conſtitution dont la ſorme leur fut favorable. L'union des deux Roſes mit fin aux guerres civiles d'Yorck & de Lancaſtre qui avoient ſuccédé à celles que nous appellons communément les guerres des Barons ; & l'envie de faire la guerre en France ſe paſſa après avoir duré près de quatre cens ans ſous les Normans & les Plantegenetés, autant pour piller que pour conquérir. Notre Temple de Janus fut fermé par Henri VII, nous ne ravageâmes plus ni notre Pays ni les autres ; de sages Loix & un sage Gouvernement changerent insensiblement les Mœurs & firent prendre une nouvelle tournure à l'esprit de notre Peuple. Nous ne fûmes plus des Flibustiers comme nous étions précédemment : notre Nation maintint sa réputation dans les Armes toutes les fois que l'intérêt commun ou l'autorité publique le requit ; mais la guerre cessa d'être ce qu'elle avoit été, notre principale & presque notre unique profession ; les arts de la Paix prévalurent parmi nous ; nous devînmes Laboureurs, Manufacturiers, & Commerçans, & nous nous adonnâmes aux

Sciences à l'envi de nos voisins. C'est depuis ce tems, Monsieur, que nous devons étudier l'Histoire de notre Pays avec une extrême application. Nous n'avons pas grand intérêt à connoître avec une précision de Critiques, quelles étoient les anciennes formes de nos Parlemens (sur quoi néanmoins il y a peu de sujet de dispute, au moins depuis le Régne de Henri III,) ni en un mot tout le systême de notre constitution civile avant Henri VIII ; mais si on ne les a pas étudiés, & si l'on n'en a pas acquis une profonde connoissance depuis ces périodes jusqu'à notre tems dans toute la variété des événemens qui y ont eu rapport, on est tout-à-fait incapable de juger ou de prendre soin de l'un ou de l'autre. Il nous importe tout aussi peu de connoître en détail qu'elle étoit la conduite de nos Princes par rapport à leurs voisins dans le continent avant cette époque, & dans le tems que le partage de Puissance & quantité d'autres circonstances rendoient tout le système politique de l'Europe si prodigieusement différent de celui qui a eu lieu depuis; mais celui qui n'a pas suivi la trace de cette conduite depuis l'époque que nous fixons jusqu'à nos jours, manque de la partie principale des connoissances nécessaires à tout Ministre d'Etat Anglois. L'ignorance sur les sujets dont je parle ici est d'autant moins pardonnable, que nous avons sur cette période plus de moyens d'information & de plus autentiques que sur aucune autre. Aucun corps d'Histoire ne fournira jamais assez d'anecdotes pour assouvir la curiosité de certaines gens, & pour faire taire tous les captieux Sophismes des autres ; & en effet cela n'est pas possible selon la nature & le cours des affaires humaines ; mais celui qui se contente de lire & d'observer en Sénateur & en homme d'Etat, trouvera dans nos propres Historiens & dans les Historiens étrangers autant de lumieres qu'il en a besoin sur les affaires de notre Isle, sa prospérité au dedans & sa conduite au dehors, depuis le quinziéme siécle jusqu'au dix-huitiéme. Je renvoie aux Historiens étrangers, aussi-bien qu'aux nôtres, pour cette suite de notre propre Histoire, non seulement parce qu'il est raisonnable de voir de quelle maniere les Historiens des autres pays ont rapporté les événemens auxquels nous avons eu part, & quel jugement ils ont porté de notre conduite au-dédans & au-dehors, mais pour une autre raison encore. Notre Nation a fourni, tant en bien qu'en mal, une aussi ample & aussi importante matiere pour l'Histoire, qu'aucune autre Nation qu'il y ait sous le Soleil ; & cependant pour écrire l'Histoire, il faut que nous cédions la palme très-certainement aux Italiens & aux François, & peut-être même aux Allemans. Les deux seuls morceaux d'Histoire que nous ayons, qui soient en quelque sorte comparables aux anciens, sont le Regne de Henry VII par Mylord Bacon, & l'Histoire de nos guerres civiles du dernier siécle, par votre illustre Ayeu Mylord Chancelier Clarendon. Mais nous n'avons aucune Histoire générale qu'on puisse comparer à quelques-unes des autres pays; ni même (ce que je déplore beaucoup davantage) aucunes Histoires particulieres, excepté les deux que je viens de citer, ni Ecrivains de Mémoires, ni Curieux qui ayent ramassé des Monumens & des Anecdotes, pour le disputer soit en nombre soit en mérite, à ceux dont les autres Nations peuvent se vanter depuis Comines, Guichardin, Du-Belley, Fra-Paolo, Davila, de Thou, & une multitude d'autres, jusqu'à nos jours, pendant tout le cours de la période que je vous propose. Mais quoique cela soit vrai à notre honte, cependant il est vrai aussi que nous ne manquons d'aucuns moyens nécessaires pour nous instruire : ces moyens

moyens se découvrent d'eux-mêmes à nous, pour peu que nous ayons d'application & de discernement. Les Ecrivains étrangers sont, pour la plupart, à peine dignes d'être lus, quand ils parlent de nos affaires domestiques; & nos Ecrivains Anglois, pour la plupart, ne valent guères mieux, quand ils parlent des affaires étrangeres. Dans cette défectuosité réciproque, les Ecrivains des autres pays sont, à mon avis, plus excusables que les nôtres ; car la nature de notre Gouvernement, les principes politiques dans lesquels nous sommes élevés, nos intérêts séparés, comme Insulaires, & la complication des intérêts & des humeurs diverses de nos factions, toutes ces choses nous sont si particuliéres & si différentes des idées, des mœurs & des usages des autres Nations, qu'il n'est pas surprenant qu'ils s'embrouillent, ou qu'ils tombent dans l'erreur, quand ils entreprennent de donner des Relations des événemens qui résultent de tout ceci, ou d'en porter quelque jugement. Mais comme ces Historiens sont respectivement défectueux, aussi suppléent-ils réciproquement au défaut les uns des autres ; il faut donc que nous les comparions, que nous fassions usage de notre discernement, & que nous tirions nos conclusions des uns & des autres. Si nous y procédons de cette maniere, nous avons un ample fonds d'Histoire en notre puissance, d'où tirer suffisamment d'informations autentiques, & il faut que nous y procédions de cette maniere, même avec nos propres Historiens de Religions, de Sectes & de Partis différens, ou nous courons risque d'être égarés dans ce cas par l'ignorance & les préventions nationales, auſſi bien que dans l'autre par l'ignorance & les préjugés étrangers.

3. *En Eſpagne, dans l'Empire, &c.*

L'Eſpagne ne fit pas grande figure en Europe juſqu'à la derniere partie du quinziéme ſiécle, c'eſt-à-dire, juſqu'au tems de l'union de la Caſtille & de l'Arragon par le mariage de Ferdinand & d'Iſabelle, de l'expulſion totale des Maures & de la découverte des Indes Occidentales. Depuis ce tems, non-ſeulement l'Eſpagne prit une nouvelle forme & parvint à une puiſſance immenſe; mais l'héritier de Fer

dinand & d'Isabelle étant en même-
tems héritier des Maisons de Bourgogne & d'Autriche, il accumula par
toutes ces successions une étendue de
Domaines, & par son élection à l'Empire une prééminence & une autorité
dont aucun Prince n'avoit joui en
Europe depuis le tems de Charlema-
gne. Il est propos d'observer ici combien la politique des Allemans a changé dans le choix d'un Empereur, parce que les effets de ce changement ont
été considérables. Quand Rodolphe
d'Hapsburg fut élu vers l'an 1270,
la pauvreté & l'état abject de ce Prince, qui avoit été Maréchal de la Cour
du Roi de Bohême, fut un motif pour
l'élire : le désordre & la confusion où
étoit l'Empire, fit désirer aux Princes de ce tems-là de n'avoir pas un

Chef plus puiſſant. Mais à cette époque, une maxime toute oppoſée prit e deſſus : Charles-Quint & François I, les deux plus puiſſans Princes de l'Europe, furent les ſeuls Candidats ; car l'Electeur de Saxe qu'on dit qui s'en excuſa, fut plutôt incapable d'entrer en concurrence avec eux, & Charles fut élu, ſi je ne me trompe, par les ſuffrages unanimes du Collége Electoral. Un autre Charles, (Charles IV, qui avoit été élu Empereur d'une maniere aſſez illégitime ſur la dépoſition de Louis de Baviere, environ cent ſoixante ans auparavant) me ſemble avoir doublement contribué à établir cette maxime ; en faiſant recevoir de ſages conſtitutions qui unirent l'Empire ſous une forme plus réguliere & un meilleur plan de Gou-
T iij

vernement, & en aliénant les revenus Impériaux à un tel point qu'ils ne furent plus suffisans pour soutenir un Empereur qui n'auroit pas un grand revenu de son propre fonds. La même maxime & d'autres circonstances ont toujours retenu depuis ce tems, la Couronne Impériale en cette famille, où elle avoit déja été plusieurs fois auparavant ; & cette famille ayant d'amples Domaines dans l'Empire, & des prétentions & des Domaines encore plus étendus au dehors, les autres Etats de l'Europe particuliérement la France, l'Espagne & l'Angleterre, ont pris plus d'intérêt aux affaires d'Allemagne qu'ils n'avoient fait auparavant ; & par conséquent, Monsieur, l'Histoire d'Allemagne depuis le commencement du seiziéme siécle devient importante, & fait une partie essentielle des connoissances que vous désirez d'acquérir.

La République d'Hollande ne se forma que près d'un siécle plus tard ; mais si-tôt qu'elle fut formée, & même dès le tems qu'elle se formoit, ces Provinces ausquelles on n'avoit fait nulle attention parmi tant d'autres qui composoient les Etats de Bourgogne & d'Autriche, devinrent une partie si considérable du système politique de l'Europe, que l'on ne sauroit se mettre au fait de ce système sans étudier leur Histoire.

Aussi tôt après la naissance de cet Etat, d'autres d'une plus ancienne origine commencerent à se mêler dans les disputes, les guerres, les projets, les Négociations & les Traités qui doivent être les principaux objets de votre application dans l'étude de l'Histoire. Celle des Couronnes du Nord ne mérite guéres votre attention, Monsieur, avant le seiziéme siécle. Jusqu'au tems de l'élection de Frédéric I à la Couronne de Dannemarck, & de cette révolution surprenante que le premier Gustave excita en Suéde, ce n'est autre chose qu'une rapsodie confuse d'événemens ausquels les grands Royaumes & Etats de l'Europe n'avoient aucun intérêt; & ne prenoient aucune part. Depuis le tems que j'ai marqué, les Couronnes du Nord ont souvent tourné leurs vues & leurs armes vers le Sud, & particuliérement la Suéde, avec un effet prodigieux.

A quel propos, Monsieur, voudrois-je vous importuner en vous parlant des Histoires des autres Nations ? Ou elles n'ont aucune relation aux connoissances que vous voulez acquérir, comme celle des Polonois, des Moscovites ou des Turcs ; ou n'y ayant de relation que par occasion & en second, elles tombent indirectement dans notre plan, comme l'Histoire d'Italie par exemple, qui fait quelquefois partie de celle de France, quelquefois de celle d'Espagne & quelquefois de celle d'Allemagne. La suite d'Histoire à laquelle vous devez vous attacher, c'est celle des Nations qui sont & doivent toujours être mêlées dans les mêmes scènes d'action avec la vôtre : telles sont les principales Nations de l'Occident. Les affaires qui n'ont pas une relation immédiate à votre Pays ou à ceux là, sont ou trop éloignées ou trop peu considérables pour y employer beaucoup de votre tems ; & l'Histoire des Nations dont j'ai parlé jointe à la nôtre propre, est par rapport à toutes vos vues, l'Histoire entiére de l'Europe.

Les deux grandes Puissances, celle de France & celle d'Autriche, étant formées, & par conséquent une rivalité établie entr'elles, il commença à être de l'intérêt de leurs voisins de s'opposer à la plus forte & la plus entreprenante des deux, & d'être alliés & amis de la plus foible. De-là vint l'idée d'une balance de puissance en Europe, de l'équilibre de laquelle devoit dépendre la sureté & la tranquillité commune. Pendant toute la période qui commença à l'Ere que nous avons fixée & qui subsiste jusqu'à cette heure, le but de chacun de ces rivaux tour à tour a été de détruire l'égalité de cette balance, & le principe de tous les sages Conseils de l'Europe relativement à la France & à la Maison d'Autriche, a été d'en prévenir la destruction, en empêchant que trop de puissance ne surchargeât l'un des côtés. Le principal sujet de votre attention, Monsieur, en lisant & réfléchissant sur cette partie de l'Histoire moderne, doit donc être d'observer avec soin & avec précision l'élévation & le déclin de ces Puissances dans les deux derniers siécles & dans celui-ci, le projets que leur ambition a formés, les moyens qu'ils ont employés pour faire réussir ces projets, ceux que les autres Puissances ont employés pour les faire avorter, & le succès de tous ces efforts tant en Guerres qu'en Négociations, & particuliérement de rapporter vos observations à votre propre Pays & à votre propre usage, & de suivre la conduite que l'Angleterre a tenue à son honneur ou à sa honte, à son avantage ou à son préjudice en chacune des nombreuses & importantes conjonctures qui se sont présentées.

Or vous trouverez, Monsieur qu'il vous sera fort utile pour cet effet quand vous aurez dans l'esprit un plan général de l'Histoire, de repasser le tout en suivant une autre méthode que je vous propose de vous faire en cette sorte. Divisez la période entiere en certaines sections, ou périodes particuliéres que le cours général des affaires vous marquera suffisamment, par la naissance de nouvelles conjonctures, par de nouveaux principes de conduite & de nouveaux théâtres d'action. Examinez cette période d'Histoire comme vous examineriez une Tragédie ou une Comédie; c'est-à-dire, prenez d'abord une idée ou une connoissance générale du tout; & après cela examinez chaque Acte & chaque Scène à part. Considérez-les & en elles-mêmes, & relativement l'une à l'autre. Lisez cette Histoire, comme vous feriez celle de quelque ancienne période ; mais ensuite étudiez-la comme si l'autre ne valoit pas la peine de vous y attacher, ou plutôt comme si vous n'aviez pas en votre pouvoir les moyens d'étudier l'autre, quand elle en vaudroit réellement la peine. La premiere partie de cette période abonde en grands Historiens; & la derniere partie est si moderne que la Tradition même est assez autantique pour suppléer au défaut de bons Historiens, si nous sommes curieux de nous instruire, & si nous écoutons les vivans avec la même impartialité & la même liberté de jugement que nous lirions les morts : or qui fait l'un fera l'autre. Toute cette période abonde en Mémoires, en Recueils d'Actes & de monumens publics, de Lettres particuliéres & de Traités. Tout cela doit entrer dans votre plan d'étude, Monsieur; plusieurs n'y entrent pas pour être lûs en entier, mais tous pour être consultés & comparés ; il ne faut pas, à mon avis, qu'ils vous guident dans vos recherches, mais au contraire que vos recherches vous servent de guide dans l'usage que vous en ferez. En joignant ensemble de cette maniere l'Histoire & ce que nous appellons matiere historique, & en tirant vos informations de l'une & de l'autre, vous acquérerez, Monsieur, non-seulement cette connoissance que plusieurs ont en différens dégrés, des grandes opérations qui ont été faites & des grands événemens qui sont arrivés en Europe durant cette période & de leurs causes & de leurs conséquences immédiates & visibles ; mais vous acquérerez une connoissance fort supérieure, & dont très-peu de personnes ont même la plus légere teinture, celle du vrai système politique de l'Europe durant ce tems. Vous le verrez dans ses principes primitifs, dans les constitutions des Gouvernemens, les situations des Pays, leurs intérêts Nationaux & véritables, les caractéres & la Religion des Peuples & autres circonstances permanentes. Vous le suivrez au travers de toutes ses agitations, & vous observerez que les objets varient rarement, quoique les moyens varient perpétuellement suivant les différens caractéres des Princes & de ceux qui gouvernent, les différens dégrés de capacité de ceux qui exécutent, le cours des accidens, & une multitude d'autres circonstances irrégulieres & contingentes.

Voici, à mon avis, les périodes particuliéres qui doivent faire le partage de la période entiere. 1. Depuis le quinziéme siécle jusqu'à la fin du seiziéme,

seiziéme. 2. de-là jusqu'au Traité des Pyrenées. 3. depuis ce Traité jusqu'à ce jour. Vous trouverez, Monsieur, cette division aussi convenable & aussi commode par rapport aux Histoires particulieres d'Angleterre, de France, d'Espagne & d'Allemagne (qui sont les principales Nations intéressées) qu'elle l'est par rapport à l'Histoire générale de l'Europe.

La mort de la Reine Elisabeth & l'élévation du Roi Jacques I, fit un grand changement dans le Gouvernement intérieur de notre Nation, & dans sa conduite extérieure vers la fin de la premiere de ces périodes. Les guerres que la Religion occasionna, & que l'ambition fomenta en France, pendant les Regnes de François II, de Charles IX, d'Henry III, & une partie de celui d'Henry IV, prirent fin à peu près en ce même tems; & les furies de la Ligue furent écrasées par ce grand Prince. Philippe II, Roi d'Espagne, marque pareillement cette période par sa mort, & par l'état d'épuisement où il laissa la Monarchie qu'il gouvernoit, qui après avoir long-tems donné le branle en troublant la paix de l'Univers, réduite au second rolle, ne fit plus que servir la bigoterie ambitieuse de Ferdinand II, & de Ferdinand III. La guerre de trente ans qui ruina l'Allemagne, ne commença que la dix-huitiéme année du dix-septiéme siécle; mais les semences en avoient été jettées quelque tems auparavant, & même dès la fin du seiziéme. Ferdinand I & Maximilien avoient montré beaucoup de douceur & de modération dans les disputes & les troubles qui s'éleverent au sujet de la Religion. Sous Rodolphe & sous Mathias, comme la succession de leur Cousin Ferdinand, paroissoit peu éloignée, les feux qui étoient couverts, commencerent à jetter de la fumée & des étincelles ; & si la guerre ne commença pas avec ce siécle, tout l'annonçoit dès-lors & on s'y attendoit de part & d'autre.

La seconde période finit en mil six cens soixante, l'année même du rétablissement de Charles II sur le Trône d'Angleterre ; quand nos guerres civiles & tous les désordres que l'usurpation de Cromwel avoit occasionnés eurent pris fin, & par conséquent en un point de tems remarquable par rapport à notre pays. Il ne n'eſt pas moins par rapport à l'Allemagne, à l'Eſpagne & à la France.

Quant à l'Allemagne, les projets ambitieux de la Branche Allemande d'Autriche, avoient entiérement échoué douze ans auparavant ; la paix de l'Empire avoit été rétablie ; & on avoit preſque formé une nouvelle conſtitution (ou reſſuſcité une ancienne), par les Traités de Weſtphalie en 1648 ; non ſeulement on avoit abbatu l'Aigle Impériale, mais on lui avoit rogné les aîles.

Quant à l'Eſpagne, la Branche Eſpagnole d'Autriche tomba en 1660 tout auſſi bas que l'autre. Philippe II avoit laiſſé à ſes Succeſſeurs une Monarchie ruinée ; il leur avoit laiſſé quelque choſe de pis, ſon exemple & ſes principes politiques fondés ſur ambition, l'orgueil, l'ignorance, la bigoterie, & toute la pédanterie dont la politique peut être susceptible. J'ai lu quelque part que la seule guerre des Pays-Bas lui coûta de son propre aveu cinq cens soixante quatre millions, somme prodigieuse, en quelques espéces que l'on puisse supposer qu'il en ait fait le compte. Philippe III & Philippe IV suivirent son exemple & ses principes de Gouvernement au-dedans & au-dehors. Au-dedans, il y avoit beaucoup de formalités, mais point de bon ordre, point d'économie, point de sages reglemens dans l'Etat ; l'Eglise continua à dévorer l'Etat, & ce monstre qu'on appelle Inquisition continua à dépeupler le pays, plus même que la guerre perpetuelle & que toutes les nombreuses Colonies que l'Espagne avoit envoyées aux Indes Occidentales ; car vous trouverez, Monsieur, que Philippe III chassa plus de neuf cens mille Morisques de ses Etats par un seul Edit, avec de telles circonstances d'inhumanité dans l'éxecution, qu'elle ne pouvoit être exercée que par des Espagnols, ni approuvée que par le seul Tribunal qui avoit provoqué à la révolte cette race malheureuse. Au-dehors, ces Princes continuerent à diriger leurs démarches sur de vaines idées d'ambition ; entreprenans avec précipitation quoique lents à éxecuter, & poursuivans avec opiniâtreté quoiqu'incapables de réussir, ils ouvrirent une nouvelle écluse pour épuiser le peu de vie & de vigueur qui restoit dans leur Monarchie

On dit que Philippe II étoit piqué contre son Oncle Ferdinand, pour avoir refusé de lui ceder l'Empire lors de l'abdication de Charles-Quint. Il est certain que malgré son goût décidé pour troubler la paix du monde, & pour se mêler dans toutes les querelles fondées sur l'apparence de soutenir l'Eglise Romaine, & d'opprimer toutes les autres; cependant il se mêla peu des affaires d'Allemagne. Mais après la mort de Ferdinand & de Maximilien II, & l'extinction de la posterité de celui-ci, les Rois d'Espagne épouserent les intérêts de l'autre Branche de leur Famille, conçurent même de ce côté des vues éloignées d'ambition en faveur de leur propre Branche, & firent de toutes les entreprises de Ferdinand de Gratz, tant avant qu'après son élévation à l'Empire, la cause commune de la maison d'Autriche. Ce qui rendit leur ruine complette, c'est qu'ils ne surent ni comment il falloit perdre, ni quand il falloit ceder. Ils reconnurent l'indépendance de la République de Hollande & devinrent les Alliés de leurs anciens Sujets au Traité de Munster ; mais ils ne voulurent point renoncer à leurs pretentions illégitimes sur le Portugal, & ils s'obstinerent à soutenir seuls la guerre contre la France. Ainsi leur puissance fut abbatue à un tel point, qu'à peine pourroit-on trouver à quoi la comparer en aucun autre cas ; & Philippe IV. fut obligé à la fin de conclure la paix au Traité des Pyrenées en des termes opposés à son inclination, à celle de son Peuple, aux intérêts de l'Espagne, & à ceux de toute l'Europe.

Quant à la France, cette époque de l'entiere décadence de la puissance Espagnole est pareillement celle d'où nous pouvons datter l'élévation de la France, qui s'est rendue si formidable de nos jours à tous ses voisins, par sa puissance & par ses prétensions. Henri IV méditoit de grands desseins & s'apprêtoit à jouer un grand rôle en Europe dès le commencement de cette période, quand il fut assassiné par Ravaillac. Ses projets moururent avec lui, & on les devine plutôt qu'on ne les connoît ; car sûrement ceux que son Historien Perefixe & les Compilateurs des Mémoires de Sully lui attribuent, d'une République Chrétienne divisée en quinze Etats & d'un Sénat pour décider tous les différens

& maintenir cette nouvelle constitution de l'Europe, sont trop chimérique pour avoir été réellement de lui ; mais son projet général d'abaisser la maison d'Autriche & d'établir la supériorité de puissance en celle de Bourbon fut repris environ vingt ans après sa mort par Richelieu, & suivi par lui & par Mazarin avec tant d'habileté & de succès, qu'il fut entiérement accompli par les Traités de Westphalie & par celui des Pyrenées ; c'est-à-dire, à la fin de la seconde de ces périodes que j'ai pris la liberté de vous proposer.

Je ne sais quand finira la troisiéme dans laquelle nous sommes actuellement, ni quelles circonstances en marqueront la fin; mais ce que je sais bien, c'est que les grands événemens & les révolutions qui font arrivées dans fon cours nous touchent encore de plus près que ceux des deux périodes précédentes.

Je m'étois proposé de tracer un précis ou un fommaire de toutes les trois, mais, refléxions faites, j'ai douté fi ma mémoire me fuffiroit pour m'en acquitter avec affez d'exactitude, & j'ai vû que fi j'étois en état de le faire, la déduction en feroit d'une longueur démefurée. Cependant il ne fera peut-être pas mal-à-propos de tenter quelque chofe d'approchant au fujet de la derniere période, qui pourra bien par la fuite, Monfieur, vous occafionner encore quelque importunité.

Mais afin de vous donner le tems

de respirer, je m'en désiste quant à présent, & suis en attendant, Monsieur, &c.

LETTRE A M. POPE.*

Plan d'une Histoire générale d'Europe.

JE prendrai la liberté de vous écrire un peu plus souvent que les trois ou quatre fois par an que vous m'assurez qui est tout ce que vous pouvez vous résoudre à écrire à vos plus chers amis ; & cependant je vous déclare avec beaucoup de vérité que de votre vie vous ne m'avez vû si occupé que je le suis à présent. N'allez pas vous imaginer sur cela, que je travaille à écrire des Mémoires de ma vie. Le sujet est trop mince pour pas-

* Cette Lettre fut écrite par Mylord Bolingbroke à M. Pope, de la Source dans l'Orléanois, vers l'an 1724.

ser à la postérité, si ce n'est par occasion, comme il peut arriver que l'on fasse mention des moindres Acteurs dans l'Histoire de notre tems. Sylla, César & autres du même rang furent, pour ainsi dire, à la tête du genre humain tant qu'ils vécurent; leur Histoire étoit en quelque sorte l'Histoire du monde, & comme telle, elle pouvoit très-bien être transmise sous leur propre nom aux générations futures. Mais pour ceux qui ont joué des rôles fort inférieurs, s'ils publient la piéce entiere, il ne leur convient pas de la nommer de leur nom; s'ils ne publient que la part qu'ils y ont eue, ils n'instruisent les hommes qu'à demi, & ne donnant pas beaucoup d'instruction, ils ne doivent pas s'attirer beaucoup d'attention. La France abonde en

Ecrivains de ce genre, & je crois que nous tombons dans l'excès opposé. Permettez-moi de vous dire à ce propos ce qui m'est quelquefois venu en pensée.

A peine y a-t-il aucun siécle dans l'Histoire qui ait commencé par ouvrir une aussi grande scène que celui où nous vivons, & où il est à présumer que nous mourrons. Comparez-le avec d'autres, même des plus célébres, & vous serez de mon avis. Je vais vous donner une esquisse des deux derniers, pour aider votre mémoire.

La perte de la balance que Laurent de Médicis avoit maintenue de son tems en Italie, l'expédition de Charles VIII à Naples, les intrigues du Duc de Milan, qui fila avec tous les rafinemens de l'art ce rezeau dans lequel à la fin il fut pris lui-même; l'heureuse dextérité de Ferdinand le Catholique, qui éleva l'une des colonnes de la puissance Autrichienne en Espagne, en Italie & dans les Indes, comme la succession de la Maison de Bourgogne, jointe à la dignité Impériale & aux Pays héréditaires furent les fondemens de l'autre dans la haute & basse Allemagne: toutes ces causes & plusieurs autres concoururent à former par leur combinaison une conjoncture tout-à-fait extraordinaire, & à rendre par leurs conséquences le seiziéme siécle fertile en grands événemens & en révolutions étonnantes.

Le commencement du dix-septiéme ouvrit encore une scène plus grande & plus importante. Peu s'en fallut que le joug Espagnol ne fût imposé à l'Italie

talie par le fameux Triumvirat de Tolede à Milan, d'Ossone à Naples, & de la Cueva à Venise. Les distractions de la France, aussi-bien que la politique de la Reine Mere séduite par Rome & amusée par l'Espagne, le pitoyable caractere de notre Jacques I, la témérité de l'Electeur Palatin, la mésintelligence des Princes & Etats de la Ligue en Allemagne, l'humeur mercénaire de Jean George de Saxe, & les grandes qualités de Maximilien de Baviere, éleverent Ferdinand II au Trône Impérial, dans le tems que la ligne masculine de la branche aînée de la famille Autrichienne en Allemagne étant éteinte à la mort de Mathias, il n'y avoit rien de plus désirable ni peut-être de plus aisé, que de faire passer l'Empire en une autre Maison. L'Allemagne courut le même risque que l'Italie avoit couru : Ferdinand sembloit plus propre même que n'avoit été Charles V, à se rendre maître absolu ; & si la France n'avoit pas fourni à point nommé le plus grand Ministre, & le Nord le plus grand Capitaine de ce siécle, Vienne & Madrid auroient donné la loi à tout l'Occident.

La balance baissant d'un côté s'éleva de l'autre, & la Maison de Bourbon se fortifia aux dépens de la Maison d'Autriche. La vraie datte de l'élévation de cette Puissance qui a rendu les Rois de France si considérables en Europe, remonte jusqu'à Charles VII & Louis XI. La foiblesse de notre Henri VI, la conduite molle d'Edouard IV, & peut-être les bévues d'Henri VII, aiderent infiniment & à étendre cette Monarchie & à en lier ensemble les différentes parties. On auroit pû prendre avantage des divisions que la Religion y occasionna ; & en soutenant le parti Protestant en France, on auroit tenu cette Couronne dans des bornes & dans une impuissance à peu près égales à celles qui eurent anciennement leur principe dans les vastes aliénations de ses Domaines, & la puissance exorbitante de ses Vassaux. Mais Jacques I étoit également incapable de penser sensément & d'agir avec vigueur. Charles I entrevit à démi son véritable intérêt ; mais son foible pour sa femme, & l'extravagance de Buckingham son favori, donnerent le tems à Richelieu d'exécuter une grande partie de son projet ; &

les calamités qui suivirent en Angleterre, donnerent à Mazarin le tems & la commodité de mettre la derniere main au syftême. Le miniftere de ce Cardinal finit par un coup de Maître, qui fut le Traité des Pyrenées.

Ici je voudrois commencer par repréfenter la face de l'Europe telle qu'elle étoit à cette époque; les intérêts & la conduite de l'Angleterre, de la France, de l'Efpagne, de la Hollande & de l'Empire. Enfuite viendroit une récapitulation fommaire de tous les pas que la France a faits durant plus de 40 ans, pour parvenir au grand objet qu'elle s'étoit propofé en faifant ce Traité, dont l'article le plus folemnel étoit déja violé d'avance dans l'intention du Miniftre qui le négocia, comme il paroît par fa lettre écrite de l'Isle des Faisans (si je ne me trompe). Là je placerois un autre tableau de l'Europe, représentant les rélations où étoient les différentes Puissances les unes à l'égard des autres en 1688, & les changemens que la révolution d'Angleterre produisit dans la Politique de l'Europe. Suivroit une relation sommaire des événemens de la guerre qui finit en 1697, avec les différentes vues des Rois Guillaume III & Louis XIV, en faisant la Paix de Riswick : matiere qui a été bien épluchée & qui n'est guères connue. Puis les dispositions faites par les traités de partage, & le résultat & toutes les conséquences de ces Traités ; & enfin un troisiéme tableau de l'état de l'Europe à la mort de Charles II Roi d'Espagne. Tout cela feroit le sujet d'un ou deux livres,

& seroit la meilleure introduction qu'il soit possible d'imaginer à une Histoire de la guerre par où notre siécle a commencé, & de la paix qui l'a suivie.

Cette guerre, prévue pendant plus d'un demi siécle, avoit été ou auroit dû être constamment durant tout ce tems le grand objet des conseils de toute l'Europe. Le prix pour lequel on devoit combattre étoit le plus riche qui eut jamais été mis en jeu depuis ceux des Empires des Perses & des Romains. On appréhendoit l'union des deux Puissances qui, séparément & en opposition l'une à l'autre, avoient aspiré tour à tour à la Monarchie universelle. Les confédérés s'engagerent donc dans cette guerre pour maintenir une balance entre les Maisons d'Autriche & de Bourbon ; afin d'assurer leur tranquillité & d'affermir leur indépendance. Mais avec les succès de la guerre, ils changerent d'objets ; & si l'ambition la commença du côté de la France, l'ambition la continua du côté opposé. Les batailles, les siéges, les révolutions surprenantes qui arriverent dans le cours de cette guerre, font d'espece à ne point trouver leurs semblables dans aucune période de la même étendue. Les motifs & les moyens que l'on employa pour la prolonger, les vraies raisons pourquoi elle finit d'une maniere qui ne sembloit pas proportionnée à ses succès, & la nouvelle forme politique que l'Europe prit aux Traités d'Utrecht & de Bade, font des sujets sur lesquels il y a peu de personnes qui soient suffisamment informées, & desquels cependant chacun parle avec confiance, & même avec passion. Je crois que j'en pourrois parler avec quelque connoissance, & que même dans les articles où j'ai été chargé d'un rolle, j'en parlerois avec autant d'impartialité que Polybe parle des négociations de son pere Lycortas.

Je vous avouerai même que je ne désespérerois pas de m'acquitter de cette partie mieux que de la premiere. Il n'y a rien, à mon avis, de si difficile à éxécuter que ces sortes de Mappemondes politiques qui fournissant plus de vues à l'esprit, que de faits à la mémoire, sont nécessaires pour lier & éclaircir les événemens, & qui doivent être si concises, & cependant si pleines, si compliquées & si claires en même tems.

Je ne connois rien dans ce genre de bien éxécuté par les Anciens. L'introduction de Salluste, de même que celle de Thucidide, pourroient presque aussi-bien servir pour tout autre morceau d'Histoire Romaine ou Greque que pour ceux que ces deux grands Auteurs avoient choisis. Polybe, dans son introduction, ne remplit point non plus cette idée. Parmi les Modernes, le premier Livre de l'Histoire de Florence par Machiavel est un excellent original dans ce genre ; & l'Histoire des Bénéfices par Fra-Paolo est peut-être inimitable dans ce goût de composition.

Voilà quelques-unes des pensées qui me viennent à l'esprit, lorsque je considere que nul homme n'est dispensé de l'obligation de rendre compte même de son loisir, & de s'employer au milieu de la solitude, à se rendre utile à la société.

Je ne sais si j'aurai assez de courage pour entreprendre la tâche que je viens de crayonner : je me défie de mes talens avec raison, & j'aurois besoin de plusieurs informations, que je doute qu'il me soit aisé d'obtenir. Mais en tout cas, il ne me sera pas possible de m'y mettre cette année ; les raisons que j'en pourrois apporter suffiroient pour remplir une autre Lettre, & j'ai peur que vous ne trouviez celle-ci déja trop longue. Adieu.

Fin du premier Tome.

TABLE
DU TOME PREMIER.

Premiere Lettre, sur l'Etude de l'Histoire. page 1

Seconde Lettre, sur le véritable usage de l'Histoire, & ses avantages. 13

Lettre troisiéme. 1. Réponse à une Objection que l'on peut faire contre l'utilité de l'Histoire.

2. Des vues fausses ou judicieuses de ceux qui l'étudient.

3. De l'Histoire des premiers siécles, avec des Réflexions sur l'état de l'ancienne Histoire, tant Profane que Sacrée, 71

Lettre quatriéme. 1. Il y a dans

l'Histoire une autenticité suffisante pour la rendre utile, malgré tout ce qu'on peut objecter contre.

2. Méthode qu'il faut observer en l'étudiant ; & restrictions qu'il est juste d'y apporter.

LETTRE CINQUIÉME. 1. Du principal usage de l'Histoire proprement dite, en tant qu'elle est distinguée des simples Annales & des Ecrits des Antiquaires.

2. Des Historiens Grecs & Romains.

3. Idée d'une Histoire complette.

4. Des autres précautions qu'il faut encore observer dans cette Etude ; de la maniere de la régler par rapport aux différentes Professions & situations des hommes, & particuliérement de l'usage qu'en doivent faire 1° les Theologiens, &

2° ceux qui sont appellés au service de leur Patrie. 180

LETTRE SIXIÉME, Depuis quelle période l'Histoire moderne est particuliérement intéressante pour le service de notre Patrie. (Depuis la fin du quinziéme siécle jusqu'à présent.)

Division de cette Période en trois Sections, ou Périodes particuliéres, pour faire une esquisse Historique de l'état de l'Europe depuis ce tems. 253

LETTRE A M. POPE. Plan d'une Histoire générale de l'Europe. 317

REMARQUES.

Page 1. *Monsieur.*

J'avois mis ici *Mylord* comme il est dans l'Original, mais l'Auteur me l'effaça lui-même, & me dit de le réformer par tout, & de mettre *Monsieur* à la place. Je lui représentai que tout le monde en France étoit familiarisé depuis long-tems avec le terme de *Mylord* : il me repartit que celui de *Monsieur* étoit plus François encore.

Page 8. *Usher.*

C'est le vrai nom de ce Savant, quoiqu'on l'appelle plus communément Usserius.

Pag. 44. Not. *C'est de lui (Joseph) que je crois avoir tiré ce conte.*

Je ne me rappelle point d'avoir lû cela dans Joseph, que Mylord cite ici de mémoire & avec quelque défian-

Tome I.

ce. On peut voir d'ailleurs dans ſes Réflexions ſur l'Exil, qu'il y cite affirmativement Procope, comme Auteur de cette même Relation.

Pag. 60. lig. 11. *La Révolution.*

Quoique l'Angleterre ait éprouvé de tous tems beaucoup & de grandes Révolutions, les Anglois ont particulierement conſacré ce nom à celle de 1688, où le Prince d'Orange Guillaume de Naſſaw obligea ſon beau-pere Jacques Stuard à lui abandonner le Trône. Ainſi quand un Auteur Anglois dit ſimplement la Révolution, c'eſt toujours cette derniere qu'il faut entendre. On aura plus d'une occaſion dans la ſuite de ces Lettres, de faire l'application de cette Remarque.

Pag. 60. lig. 15. *L'entrepriſe extravagante du Roi Jacques.*

Si l'on trouve cette épithete dure, je n'en ſerai pas étonné; mais ſans approuver aucunement la façon dont Mylord Bolingbroke s'eſt exprimé sur le compte d'un Roi Catholique, je crois qu'on ne sera pas fâché de savoir comment il pensoit par rapport à cette grande Révolution.

D'ailleurs il est à propos d'observer qu'il y a sur ce sujet un préjugé très-faux répandu presqu'universellement en France. On entend souvent dire, même à des gens au-dessus du commun, que le Roi Jacques perdit ses Etats, parce qu'il étoit Catholique & que les Anglois vouloient avoir un Roi de leur Religion. Il est cependant incontestable que ce Prince n'étant encore que Duc d'Yorck faisoit profession ouverte de Catholicité, & qu'à la mort de son Frere aîné on ne fit pas la moindre difficulté de le reconnoî- en qualité de Roi, sans lui proposer d'embrasser la Réforme. Ce n'est donc pas pour avoir professé la Religion Catholique qu'il a été détrôné quatre ans après, mais pour avoir voulu faire l'impossible en faveur de cette Religion. Personne ne s'étoit élevé contre un Roi Papiste, mais la Nation ne voulut pas être soumise à un Monarque intolérant.

Pag. 76. *Aulu-Gelle.*

Le véritable nom de cet Auteur étoit Agellius, dont on a fait A. Gellius, de-là Aulus Gellius, & en François Aulu-Gelle.

Pag. 85. *Un célébre Ecrivain François.*

L'Auteur cite nommément Boileau, & distingue tout ce long passage avec des guillemets, comme une citation traduite littéralement ; il y conserve même ces trois mots François (*jouter contre l'Original*) qu'il a fait imprimer en caractéres italiques. Cependant j'ai vainement feuilleté le Boileau entier, & refeuilleté la Préface de la Traduction de Longin, & les Remarques sur cette même Traduction ; je n'y ai point trouvé ce passage.

Pag. 105. l. 19. *A cinq cens ans près.*

J'avoue que ce jugement me paroît

d'une sévérité outrée. Quoi donc les siécles de Periclès & d'Alexandre ne seroient pas compris dans les tems historiques ? Thucidide & Xénophon seroient exclus de la classe des Historiens ? Je ne puis concevoir que Mylord Bolingbroke ait eu cette pensée. Il faut sans doute entendre ce qu'il dit ici d'une suite de Chronologie réguliere, & non de l'Histoire simplement dite.

Pag. 108. *Combien de différences & de contrariétés entre les récits publiés par ces deux Historiens ?*

Si Xénophon donna sa Cyropédie pour un Roman & non pour une Histoire, on ne doit pas être étonné qu'il ne s'accorde pas avec Hérodote. Or qui peut dire qu'il ne l'ait pas annoncée ainsi ? Notre Auteur lui-même ne paroît pas éloigné de le croire (voyez cy après, page 202.) il ne peut donc rien conclure ici du manque de concordance entre ces deux Auteurs.

Pag. 118. *Abbadie.*

J'ai cherché inutilement ce passage dans Abbadie. Il paroît que Mylord Bolingbroke l'a cité de mémoire, & peut-être un peu paraphrasé.

Pag. 157. *Unir en sa personne les caractéres d'Empereur & de Souverain Pontife.*

C'est à peu près ainsi que le Roi d'Angleterre prend le titre de Chef de l'Église Anglicane.

Pag. 169. *Un Roi presqu'enfant.*

Il paroît qu'il est ici question de Ptolémée le jeune, Roi d'Egypte, qui fit mourir Pompée.

Pag. 248. l. dern. *Quelques-uns.*

Les Pairs.

Pag. 249. lig. 2. *D'autres.*

Les Membres de la Chambre des Communes.

Pag. 249. lig. 12. *N'étant pas encore ouvert.*

Tant qu'i' : son pere, Mylord Cl.

Pag. 281. Not. *Car dans cette occa-*

sion, nous pouvons compter pour une la *Maison de Valois* & celle de *Bourbon*.

On peut d'autant mieux les compter pour une en toute occasion, que ce sont effectivement deux Branches de la même Famille.

Pag. 314. *Sont trop chimériques.*

Il faut distinguer dans le projet attribué à Henri IV, deux parties absolument indépendantes l'une de l'autre : la division de l'Europe en quinze Etats à peu près égaux, & l'union de ces quinze Etats en une République Chrétienne avec un Sénat commun. Quant au partage arbitraire de l'Europe en tant ou tant d'Etats, le projet étoit chimérique & injuste ; mais à l'égard de l'association des différens Etats de l'Europe en une espece de République fédérative, le projet étoit beau & excellent : réfléchissez-y en Philosophe & vous le trouverez très-sage ; considérez-le en Politique, & il ne vous paroîtra point impraticable ; je ne sais même si l'entier accomplissement en est fort éloigné, il semble que l'Europe s'approche sensiblement de cette forme.

Pag. 317. *Plan d'une Histoire générale de l'Europe.*

Il y a lieu de présumer que ce Plan n'est pas resté sans exécution. Voy. Tom. 2. pag. 130, 131.

REFLEXIONS
SUR L'EXIL,

ÉCRITES EN ANGLOIS

Par MYLORD BOLINGBROKE,

Traduction Nouvelle.

M. DCC. LII.

PRÉFACE.

ON a déja vu ce petit Ouvrage* dans le Mercure de France des mois de Mars & d'Avril derniers, sous le titre de Réflexions sur l'Exil, écrites en François par Mylord Bolingbroke. D'un autre côté M. Mallet assure dans son Edition qu'il en posséde le véritable original écrit en Anglois de la main de l'Auteur. Je me suis informé de la vérité de ces faits à des personnes qui pouvoient en être bien instruites. On m'a dit que Mylord Bolingbroke avoit effectivement

* Mais un peu défiguré.

composé ce petit Traité en Anglois*, non point dans la vue de le donner au public, mais seulement pour essayer en s'amusant d'imiter le style de Seneque; que Madame de Bolingbroke ne faisant que de commencer alors à apprendre l'Anglois, s'étoit exercée à le traduire, mais très-librement, & on peut même dire très-legerement, rendant fort littéralement ce qu'elle entendoit le mieux, paraphrasant ce qu'elle devinoit à demi, & ne se faisant pas une affaire de sauter ce qui l'embarrassoit trop, ou d'y substituer du sien; que depuis qu'elle posséda mieux la Langue, elle ne s'étoit point mise en pei-

* A Chantelou en Touraine.

PRÉFACE.

ne de refondre sa Traduction, qu'elle ne traitoit que d'une étude, ou d'un croquis; que son manuscrit étoit tombé entre les mains de M. de Burigny qui l'avoit apparemment communiqué enfin à l'Auteur du Mercure.

Il faut cependant convenir que cette Traduction faite avec aussi peu de soins que de prétentions, a un certain esprit de vie, que si peu de Traducteurs sont capables de saisir, & qui conséquemment semble faire le caractere propre d'un Original; de sorte qu'il n'est pas étonnant que plusieurs Personnes très-judicieuses s'y soient méprises, & M. l'Abbé Raynal lui-même.

Pourquoi donc, me dira-t'on, avoir fait une nouvelle Traduction de ce même Traité, surtout puisqu'il semble n'appartenir qu'à demi à Mylord Bolingbroke, n'étant point écrit dans son goût naturel, mais sur le ton affecté de Seneque. Je répons que M. Mallet l'ayant fait imprimer au naturel à la suite des Lettres sur l'Histoire, j'ai cru devoir faire la même chose, d'autant plus que beaucoup de personnes pourront être curieuses de comparer la copie fidele de l'original Anglois avec le prétendu original François ; & dans cette vue, j'ai traduit ce morceau plus littéralement que tout le reste ; c'est pour ainsi dire un calq plutôt qu'une Traduction. Il m'auroit peu convenu de vouloir lutter contre une si

PRÉFACE.

respectable Traductrice, aussi distinguée par son esprit entre les Dames Françoises, que Mylord pouvoit l'être entre les Seigneurs Anglois.

Un éloge historique de ce Couple illustre viendroit ici fort à propos, & peut-être aurois-je eu la présomption de l'entreprendre, si la tâche eût été moins forte; mais la grande réputation de Mylord Bolingbroke demanderoit un volume entier pour écrire sa vie, & une autre plume que la mienne. Je me bornerai donc au dernier trait.

Madame de Bolingbroke, après avoir traîné plusieurs années dans une langueur continuelle & des souffrances inouies, mourut en Angleterre en 1750.

Ainsi Mylord lui a survécu un peu plus d'un an ; mais ceux qui l'approchoient de plus près assurent que depuis ce tems, cet homme si Philosophe à peine a-t'il fait un repas où ils n'ayent vu son pain arrosé de ses larmes. Pour comble d'affliction, on lui suscita en France un malheureux procès, où on attaquoit non-seulement ses biens, mais indirectement aussi son honneur & la mémoire de cette Epouse si chere, si regrettée & si digne de l'être. Pour n'avoir pas même à se justifier sur un point si délicat & si sensible, M. de Bolingbroke offrit d'abandonner à ses adversaires des effets considérables qu'il avoit en France, quoiqu'il fût bien persuadé

PRÉFACE. ix

qu'il ne leur devoit rien. On rejetta ses offres, on le poursuivit à outrance, il étoit éloigné & accablé d'infirmités, la Religion de ses premiers Juges fut surprise, & il perdit ce procès si intéressant. Enfin ayant interjetté appel de cette fatale sentence, il mourut avant que d'avoir pû obtenir la satisfaction de la faire infirmer. Mais il laissoit après lui un Ami fidele qui n'abandonna pas sa cause, & le Parlement de Paris, non moins équitable que ce fameux Tribunal de l'ancienne Egypte, conserve à l'Etranger comme au Citoyen une immortelle justice ; aussi ses Manes ont-ils reçu la réparation plus complette & la plus éclatante.

PRÉFACE.

On peut bien croire que Mylord Bolingbroke se connoissoit assez en hommes pour savoir choisir ses amis. Il ne m'est pas permis de nommer celui à qui il est principalement redevable de ce triomphe postume, mais voici son signalement tiré du Testament même de l'illustre Défunt : „ Je donne & legue le „ diamant que je porte à mon „ doigt, à mon ami ancien & „ constamment éprouvé, le M. „ de M. * & après lui à son fils le „ C. de G. afin que ma mémoire „ soit conservée dans une fa- „ mille que j'aime & honore „ par-dessus toute autre ". αὐτος ἐφη.

* Myladi de Bolingbroke avoit égale-

PRÉFACE.

Je ne puis me dispenser de faire ici une remarque en passant. Mᵉ. de Bolingbroke avoit épousé en premieres nôces le Marquis de Villete, parent de Madame de Maintenon, mais non pas son Neveu, & encore moins étoit-elle sa Niéce, comme le dit l'Auteur de l'Histoire du siécle de Louis XIV; il est même étonnant que cette méprise soit échapée à M. de V. qui non seulement avoit eu occasion de voir & de parler assez souvent à Madame de Bolingbroke; mais qui la cite dans cet endroit là même, comme ayant appris de sa propre bouche un propos qu'elle avoit tenu à cette

ment legué par son Testament à la M. de M. une bague qu'elle portoit dès l'enfance.

prétendue Tante. Il est vrai qu'il allégue ce discours pour justifier le portrait qu'il a fait de Madame de Maintenon dans un goût tout neuf, & qu'il y serviroit d'autant mieux que ces Dames auroient été plus proches. Cet exemple ne pourroit-il point faire soupçonner aussi quelque malentendu dans ce que le même Auteur dit que M. le Marquis de Fénélon lui a rapporté au sujet du célebre Archevêque de Cambrai son Oncle. M. de V. se plaît à opposer de nouveaux paradoxes à tous les préjuges vulgaires.

REFLEXIONS

REFLEXIONS
SUR L'EXIL *.

LA dissipation de l'esprit & la longueur du tems, sont les seuls remedes auxquels la plupart des hommes ayent confiance dans leurs afflictions ; mais le premier n'a qu'un effet passager, le second opere lentement, & tous les deux sont indignes d'un homme sage. Nous fuirons-nous nous-mêmes, pour

---

* La plupart des passages cités dans ce petit Traité, sont tirés de Sénéque ; & le tout est écrit à peu près dans son style & sa maniere ; quoique ce ne soit pas tout-à-fait sans fondement que Quintilien le taxe d'être trop sententieux. *Quanquam non omninò temerè sit quod de sententiis illius queritur Fabius*. Erasm.

fuir nos infortunes, & nous imaginerons-nous follement que la maladie est guérie, dès que nous avons obtenu quelques momens de relâche à nos maux ? Ou pleurerons-nous jusqu'à ce que nos yeux ne puissent plus fournir de larmes, & attendrons-nous du tems (le Médecin des brutes) une guérison lente & mal assurée ? Ferons-nous consister tout notre bonheur dans l'oubli de notre misere, & aurons-nous obligation à la foiblesse de nos facultés, d'une tranquillité qui devroit être l'effet de leur force ? Mettons-nous plutôt devant les yeux toutes nos afflictions présentes & passées à la fois *. Resolvons-nous de les surmonter plutôt que de les fuir, & que d'en user le sentiment par une longue &

* Sen.

honteuse patience. Au lieu des remedes palliatifs, employons le fer & les caustiques, sondons le fonds de la plaie, & opérons une cure prompte & radicale.

Le souvenir des infortunes passées sert à fortifier notre esprit contre de nouvelles. On rougiroit de succomber à la douleur d'une playe, lorsqu'on se voit le corps couvert de cicatrices, & qu'on est sorti victorieux de tous les combats où l'on a reçu ces blessures. Que les soupirs, les pleurs & les défaillances sous les plus legeres atteintes de l'adversité, soient le partage de ces personnes infortunées, dont les ames délicates ont été énervées par une longue suite de prospérités ; tandis que ceux qui ont essuyé des années de calamités;

supporteront les plus rudes coups avec un courage inébranlable. Des malheurs non interrompus produisent ce bon effet, qu'en tourmentant continuellement, ils endurcissent à la fin.

Tel est le langage de la Philosophie, & heureux l'homme qui a le droit de tenir un tel langage. Mais qu'on ne prétende pas l'acquérir par des discours pathétiques; notre conduite seule peut nous le donner. C'est pourquoi au lieu de présumer de notre force, la méthode la plus sûre est d'avouer notre foiblesse, & de nous appliquer sans perdre de tems à l'étude de la sagesse : c'est l'avis que l'Oracle donna à Zénon *; & il n'y a point d'autre moyen d'assurer notre tran-

* Diog. Laërt.

quillité au milieu de tous les accidens auxquels la vie est exposée. Je sais que la Philosophie a ses fanfarons aussi-bien que la guerre, & que plusieurs de ses enfans en visant à s'élever au-dessus de l'homme, sont tombés au-dessous. Il y a des moyens aisés & sûrs d'éviter ce danger. Une bonne regle, c'est de bien examiner avant que de nous attacher à telle ou telle Secte; mais une meilleure regle encore, c'est de ne nous dévouer à aucun maître. Ecoutons-les tous, mais qu'il nous soit parfaitement indifférent de quel côté trouver la vérité ; & quand il s'agira de nous déterminer, que rien ne nous paroisse si respectable que notre propre raison. Acceptons avec reconnoissance le secours de quiconque s'est appliqué à corriger les vices, & à fortifier les esprits des hommes ; mais choisissons pour nous-mêmes, & n'accordons à personne un consentement illimité. Ainsi, afin de prendre pour exemple la Secte dont j'ai déja fait mention, quand nous aurons mis à l'écart les maximes merveilleuses & surprenantes, & tous les paradoxes du Portique, nous trouverons dans cette Ecole des dogmes auxquels notre raison, exempte de préjugés, se soumettra avec plaisir, parce que la Nature les dicte, & que l'expérience les confirme. Si nous ne prenons cette précaution, nous courons risque de devenir des Rois en idée, & des Esclaves en réalité ; en la prenant, nous saurons assurer notre liberté naturelle & vivre indépendans de la fortune.

Afin d'atteindre à un but si désirable, il faut nécessairement être vigilans, & nous tenir comme en sentinelles, pour découvrir les piéges secrets, & les attaques ouvertes de cette capricieuse Déesse, avant qu'elles nous atteignent * : lorsqu'elle vient fondre sur nous à l'imprévû, il est difficile de lui résister; mais ceux qui l'attendent, la repousseront aisément. L'invasion soudaine d'un ennemi renverse celui qui n'est pas sur ses gardes ; mais ceux qui prévoyent la guerre & qui s'y préparent avant qu'elle éclate, soutiennent sans difficulté le premier & le plus rude assaut. J'ai appris depuis long-tems cette importante leçon, & ne me suis jamais fié à la fortune, lors même qu'elle sembloit

* Sen.

être en paix avec moi. Les richesses, les honneurs, la réputation & tous les avantages que sa perfide indulgence verfoit sur moi, je les ai placés de façon qu'elle pût les retirer sans me causer aucun trouble. J'ai mis un grand intervalle entre eux & moi ; elle les a repris, mais elle n'a pû me les arracher. On n'a à souffrir de la mauvaise fortune, qu'autant qu'on a été déçu par la bonne : si nous nous passionnons pour ses dons, si nous nous imaginons qu'ils nous appartiennent, & qu'ils doivent nous rester perpétuellement, si nous nous appuyons dessus, & que nous fondions sur eux notre considération, nous serons abîmés dans toute l'amertume du chagrin dès que ces biens faux & passagers s'évanouiront, & que notre

vain

vain & puérile esprit, vide de solides plaisirs, se trouvera frustré de ceux mêmes qui sont imaginaires. Mais si nous ne nous laissons point emporter à la prospérité, l'adversité ne pourra nous abattre. Notre ame sera à l'épreuve des dangers de l'une & de l'autre fortune; & ayant essayé nos forces, nous en serons sûrs, parce que nous aurons appris au milieu de la félicité à soutenir l'infortune.

Il est beaucoup plus difficile d'examiner & de juger, que de recevoir des opinions sur la foi d'autrui; c'est pourquoi la plûpart des hommes empruntent des autres, celles qu'ils tiennent sur toutes les affaires de la vie & de la mort. * De-là vient cette ardeur si

* *Dum unusquisque mavult credere quam judicare, nunquam judicatur de vitá, semper creditur.* Sen.

unanime avec laquelle ils pourſuivent des choſes, qui loin de renfermer en elles-mêmes aucun bien réel, ſont enduites d'un vernis ſpécieux & trompeur, & ne contiennent rien qui réponde à leurs apparences. * De-là vient d'un autre côté que dans ce qu'on appelle des malheurs, il n'y a rien qui ſoit auſſi dur & auſſi terrible que le cri général nous en menace. Le mot d'exil, par exemple, paroît rude à l'oreille, & nous en ſommes frappés comme d'un ſon triſte & lugubre, à cauſe d'une certaine perſuaſion à laquelle tous les hommes concourent habituellement. La multitude en a ainſi ordonné; mais la plus grande partie de ſes déciſions ſont abrogées par le Sage.

* Sen.

Rejettant donc le jugement de ceux qui se déterminent sur des opinions populaires, ou sur les premieres apparences des choses, examinons ce qu'est réellement l'Exil *. C'est un changement de place; & pour que vous ne disiez pas que j'exténue l'objet, & que j'en dissimule ce qu'il renferme de plus choquant, j'ajouterai que ce changement de place est fréquemment accompagné de beaucoup d'autres inconvéniens; de la perte des biens dont vous jouissiez, & du rang que vous teniez, du crédit & de l'autorité dont vous étiez en possession; de la séparation de votre famille & de vos amis; du mépris dans lequel vous pouvez tomber; de l'ignominie dont ceux qui vous ont chassé essayeront

* Sen.

de noircir l'innocence de votre caractére, afin de couvrir l'injustice de leur propre conduite.

Je parlerai ci-après de toutes ces choses en détail. En attendant, considérons quel malheur il y a dans un changement de place pris en lui-même & abstraction faite de tout le reste.

» Vivre éloigné de sa Patrie est une » chose intolérable *. Mais si cela est ainsi, comment arrive-t-il donc qu'un nombre infini de gens passent leur vie par choix hors de leur propre pays ? Considérez combien les rues de Londres & de Paris sont remplies. Appellez ces millions d'hommes chacun par son nom, & leur demandez de quel pays ils sont; combien n'en trouverez-vous pas qui viennent des dif-

* Sen.

férentes parties de la terre habiter ces grandes Villes, qui fourniffent le plus de commodités & le plus d'encouragemens, foit à la vertu, foit au vice? Quelques-uns y font attirés par l'ambition, & quelques-autres y font conduits par le devoir; plufieurs s'y rendent pour cultiver leur efprit, & plufieurs pour avancer leur fortune; les uns viennent y étaler leur beauté, & les autres leur éloquence. Tournez vos pas ailleurs, & allez jufqu'aux extrémités les plus reculées de l'Orient & de l'Occident : vifitez les Nations Barbares de l'Afrique, ou les Régions inhabitables du Nord, vous ne trouverez point de climat fi mauvais, ni de pays fi fauvage, où il n'y ait quelques gens qui y viennent d'ailleurs & qui s'y établiffent par choix.

B iij

Parmi les extravagances innombrables qui ont passé par l'esprit des hommes, nous pouvons justement compter cette idée d'une affection secréte, indépendante de notre raison, & supérieure à notre raison même, que l'on suppose que nous avons pour notre Patrie, comme s'il y avoit quelque vertu physique en chaque canton de terre, qui produisît sûrement cet effet en tous ceux qui y naissent. » L'a-» mour de la Patrie plus puissant que » la raison *. Comme si le *Heimrey* étoit une maladie universelle, inséparable de la constitution du corps humain, & non particuliere aux Suisses, qui semblent n'avoir été faits que pour leurs montagnes, comme leurs monta-

* *Amor patriæ ratione valentior omni.* Ovid.

gnes pour eux *. Cette idée peut avoir contribué à la sureté & à la grandeur des Etats. C'est pourquoi on l'a cultivée avec beaucoup d'art, & on a eu grand soin de ranger de son côté le préjugé de l'éducation. Il est arrivé aux hommes sur ce sujet, ce qui leur arrive sur plusieurs autres ; à force de croire qu'une chose doit être, ils parviennent à persuader aux autres, & à croire eux-mêmes qu'elle est. Procope rapporte qu'Abgare vint à Rome, & gagna l'estime & l'amitié d'Auguste à un tel point, que cet Empereur ne pouvoit se résoudre à le laisser retourner chez lui : qu'un jour Abgare prit différentes bêtes dans un Parc, & les amena toutes vives devant Auguste ; qu'il plaça en différens endroits du

* Card. Bentiv.

Cirque quelque peu de terre apportée des divers Pays d'où l'on avoit tiré chacun de ces animaux ; que tout étant ainsi disposé, on les lâcha, & que chacun courut aussi-tôt à ce coin du Cirque où il y avoit de sa terre ; qu'Auguste admirant ce sentiment d'affection pour leur Patrie, que la nature a gravé dans le cœur des bêtes, & frappé de l'évidence de la vérité, se rendit aux priéres qu'Abgare lui réitéra aussi-tôt avec instance, & permit, quoiqu'à regret, à ce Tétrarque de retourner à Edesse. Mais ce conte ne mérite pas plus de croyance que celui qui suit au même endroit de la Lettre d'Abgare à J. C, de la réponse de notre Sauveur ; & de la guérison d'Abgare. Il n'y a assurément rien de moins fondé, rien de plus absurde que l'idée en question. Nous aimons le pays dans lequel nous sommes nés, à cause des biens particuliers que nous en recevons, & des obligations particulieres que nous lui avons ; liens qui peuvent nous attacher à un autre Pays comme à celui où nous sommes nés, à notre Patrie de choix, comme à notre Patrie de naissance. A tous autres égards, un homme sage se regarde comme Citoyen du monde ; & quand vous lui demandez où est sa Patrie, il répond comme Anaxagoras, en vous montrant le ciel.

D'un autre côté il y a des personnes qui ont imaginé que, comme tout l'Univers souffre une révolution continuelle, & que la nature semble s'y plaire ou en avoir besoin pour sa conservation, de même il y a dans les esprits des hommes une inquiétude naturelle, qui les porte à courir de place en place & à changer souvent d'habitations *. Cette opinion a au moins une apparence de vérité qui manque à l'autre, celle-ci étant soutenue & celle-là démentie par l'expérience. Mais quelles qu'en soient les raisons, qui ont dû varier prodigieusement en un nombre infini de rencontres, & en un espace de tems immense ; il est effectivement vrai que les familles & les Nations du monde ont été dans une fluctuation continuelle, rodant au tour de la face du Globe, chassant & chassées tour à tour. Quelle multitude de Colonies l'Asie n'a-t-elle pas envoyées à l'Europe ? Les Phéniciens ont peuplé les côtes de la Mer Méditerranée;

* Sen.

& poussé leurs établissemens jusques dans l'Océan. Les Etruriens étoient Asiatiques d'extraction; & sans allonger d'avantage l'énumération, les Romains, ces maîtres du monde, reconnoissoient un Troyen fugitif pour Fondateur de leur Empire. Combien de transmigrations ont été, en retour de celles-là, d'Europe en Asie; on ne finiroit point de les nombrer. Car outres les Colonies Eolienne, Ionienne, & autres à peu près aussi renommées, les Grecs pendant plusieurs siécles firent des Expéditions continuelles, & bâtirent des Villes en plusieurs parties de l'Asie: les Gaulois y pénétrerent aussi & y établirent un Royaume. Les Scythes Européens parcoururent ces vastes Provinces & porterent leurs armes jusqu'aux confins de l'Egypte. Alexandre subjugua tout depuis l'Hellespont jusqu'à l'Inde, bâtit des Villes, & établit des Colonies pour assurer ses conquêtes & éterniser son nom. L'Afrique a reçu de l'une & de l'autre de ces parties du monde des Habitans & des Maîtres; & comme elle en a reçu, elle en a donné: les Tyriens bâtirent la Ville & fondérent la République de Carthage, & le Grec a été le langage de l'Egypte. Dans l'antiquité la plus reculée, nous entendons parler de Belus en Caldée, & de Sésostris, établissant ses colonies bazanées dans Colchos; & l'Espagne a été dans ces derniers siécles sous la domination des Maures. Si nous venons à l'Histoire Runique, nous trouverons nos peres, les Goths, conduits de la Tartarie Afiatique en Europe par Woden & par Thor, premierement leurs Héros & enfuite leurs Divinités; & qui peut nous affurer que c'étoit leur premiere tranfmigration ? Peut-être qu'ils étoient venus en Afie par l'Eft, du Continent auquel leurs enfans ont navigé dans ces derniers tems de l'Europe par l'Oueft, & que dans la progreffion de trois ou quatre mille ans la même race d'hommes a pouffé ainfi fes conquêtes & fes habitations autour du Globe : au moins peut-on faire cette fuppofition avec autant de raifon, que Grotius en a de fuppofer que l'Amérique a été peuplée par la Scandinavie. Le monde eft un grand defert où les hommes ont erré çà & là, & joûté l'un contre l'autre depuis la création. Les uns ont changé de place par nécessité & les autres par choix. Une Nation a désiré de se saisir de ce qu'une autre étoit lasse de posséder ; & il seroit difficile de marquer un Pays qui soit aujourd'hui entre les mains de ses premiers Habitans.

Ainsi le destin a ordonné que rien ne sera long-tems dans le même état ; & qu'est-ce que toutes ces transplantations de peuples, sinon autant d'exils publics ? Varron, le plus savant des Romains, disoit * que puisque la nature est la même partout, cette seule circonstance suffisoit pour détruire tout ce qu'on pouvoit reprocher à un changement de place pris en lui-même, & abstraction faite des autres inconvéniens qui accompagnent l'exil. M. Brutus pensoit qu'il suffisoit pour

* Sen.

cela qu'on ne pût empêcher ceux qui vont dans un bannissement d'emporter leur vertu avec eux. Si donc quelqu'un croit que chacun de ces motifs de consolation pris séparément ne suffit pas, il doit avouer au moins que l'un & l'autre joints ensemble sont capables de dissiper les terreurs de l'exil. Car ne devons-nous pas regarder comme des bagatelles tout ce que nous laissons derriere nous, en comparaison des deux plus précieuses choses dont les hommes puissent jouir, & que nous sommes assurés qui nous suivront partout où nous tournerons nos pas, la nature cette mere commune, & notre propre vertu *? Croyez-moi, la Divine Providence a établi un tel ordre dans le

* Sen.

monde, que, de tout ce qui nous appartient, les parties les moins estimables sont les seules qui puissent tomber en la disposition d'autrui; tout ce qu'il y a de meilleur est le plus en sûreté, il est hors de la portée du pouvoir humain, on ne sauroit nous le donner ni nous le ravir. Tel est le monde, ce grand & bel ouvrage de la nature; tel est l'esprit de l'homme, qui contemple & admire le monde, dont il fait la plus noble partie: voilà des choses qui nous appartiennent inséparablement; & tant que nous demeurerons dans l'un, nous jouirons de l'autre. Marchons donc avec intrépidité quelque part que nous soyons portés par le cours des accidens humains. En quelque lieu qu'ils nous conduisent, sur quelque côte qu'ils

nous

nous jettent, nous ne nous y trouverons pas absolument étrangers. Nous rencontrerons des hommes & des femmes, créatures de la même figure que nous, douées des mêmes facultés, & nées sous les mêmes loix de la nature. Nous verrons les mêmes vertus & les mêmes vices, provenans des mêmes principes généraux, mais diversifiés en mille façons différentes & contraires, selon cette variété infinie de Loix & de Coutumes qui sont établies pour la même fin universelle, c'est-à-dire, pour la conservation de la société. Nous ressentirons la même révolution de saisons ; le même Soleil & la même Lune regleront le cours de nos années * ; la même voûte azurée, parsemée d'étoi-

* *Labentem cælo quæ ducitis annum.* Virg.

C

les, sera partout étendue sur nos têtes *. Il n'y a point de partie du monde, d'où nous ne puissions admirer ces Planetes qui roulent comme la nôtre, en différentes orbites autour du même Soleil central ; d'où nous ne puissions découvrir un objet plus merveilleux encore, cette armée d'Etoiles fixes suspendues dans l'espace immense de l'Univers, Soleils innombrables, dont les rayons éclairent & vivifient les mondes inconnus qui roulent autour d'eux : & tandis que je serai ravi par de telles contemplations, tandis que mon ame sera ainsi élevée au Ciel, peu m'importe quelle terre je foule sous mes pieds.

* Plutarque compare ceux qui ne pouvoient vivre hors de leur pays, au menu peuple qui s'imaginoit que la lune d'Athenes étoit plus belle que celle de Corinthe.

Brutus, dans le Livre qu'il avoit écrit sur la vertu *, rapportoit qu'il avoit vû Marcellus en exil à Mitilene, vivant avec tout le bonheur que la nature humaine peut comporter, & cultivant, avec autant d'assiduité que jamais, toutes sortes de louables connoissances; il ajoutoit que ce spectacle lui fit croire que s'en retournant seul, c'étoit lui même qui étoit le banni, plutôt que celui qu'il quittoit. O Marcellus, beaucoup plus heureux quand Brutus approuva ton exil, que quand la République approuva ton Consulat! il falloit que tu fusses bien véritablement grand, pour être admiré de celui qui paroissoit à Caton même un objet d'admiration! Brutus rapportoit encore, que César passa sans

* Sen.

s'arrêter à Mitilene, parce qu'il ne pouvoit soutenir la vue de Marcellus réduit dans un état si indigne de lui. Son rétablissement fut enfin obtenu par l'intercession formelle du Sénat entier, qui étoit tellement consterné, que tous paroissoient avoir pris en cette occasion les sentimens de Brutus, & supplier pour eux-mêmes, plutôt que pour Marcellus *. C'étoit retourner avec honneur ; mais surement il demeuroit hors de sa Patrie avec plus d'honneur encore, lorsque Brutus ne pouvoit se résoudre à le quitter, ni César à le voir. Car l'un & l'au-

* Marcellus fut assassiné à Athenes en s'en retournant, par Chilon son ancien ami & son compagnon de guerre. Le motif de Chilon n'est point expliqué dans l'Histoire. César fut soupçonné ; mais l'opinion de Brutus semble le justifier.

tre rendoient témoignage à son mérite ; Brutus affligé, & César rougissant d'aller à Rome sans lui.

Q. Métellus le Numidique avoit éprouvé la même destinée quelques années auparavant, lorsque le peuple, qui est toujours le plus sûr instrument de sa propre servitude, étoit occupé à poser sous la conduite de Marius, les fondemens de la tyrannie que César vint à bout d'établir. Métellus seul, au milieu d'un Sénat intimidé & d'une populace insolente, refusa de confirmer par serment les pernicieuses Loix du Tribun Saturninus. Sa constance fut son crime, & l'Exil sa punition. Une faction arrogante & effrenée l'emportant sur lui, les meilleurs Citoyens s'armerent pour sa défense, prêts à sacrifier leurs vies pour conserver tant de vertu à leur République. Mais n'ayant pas réussi à persuader, il ne trouva pas juste de contraindre : il jugea de la phrénésie de la République Romaine, comme Platon avoit jugé du radotage de celle d'Athenes. Métellus comprit que, si ses Concitoyens se corrigeoient, il seroit rappellé ; & s'ils ne se corrigeoient pas, il pensoit ne pouvoir être nulle part plus mal qu'à Rome. Il alla volontairement en exil ; & partout où il passoit, il portoit avec lui les symptômes manifestes d'un Gouvernement malade, & le prognostic assuré d'une République expirante. Le caractere qu'il soutint pendant son exil paroîtra mieux par un fragment d'une de ses lettres, qu'Aulu-Gelle nous a conservé (pour l'amour du

mot *fruniscor*) dans une compilation pédantesque des phrases usitées par l'Annaliste Q. Claudius *. » Ils ont per-
» du tout honneur & toute justice ;
» pour moi je ne suis privé ni du feu
» ni de l'eau, & je suis comblé de
» gloire. Heureux Métellus ! heureux dans le témoignage de ta propre vertu ! heureux en ton pieux fils, & en cet excellent ami qui te ressembla, tant par le mérite que par la fortune.

Rutilius avoit défendu l'Asie contre les exactions des Publicains, conformément à l'étroite justice dont il faisoit profession, & au devoir particulier de sa Charge. Cela lui attira pour ennemis tout l'Ordre des Che-

* *Illi omni jure atque honestate interdicti ; ego neque aquâ neque igne careo, & summâ gloriâ fruniscor.*

yaliers; & la faction de Marius ne lui étoit pas moins opposée, tant à cause de sa probité, qu'en haine de Métellus. L'homme le plus intégre de la ville fut accusé de corruption; le plus vertueux fut poursuivi par le plus méprisable, par Apicius, nom dévoué à l'infamie *. Ceux qui lui avoient suscité cette fausse accusation furent ses Juges, & prononcerent une injuste sentence contre lui. A peine daigna-t'il défendre sa cause, mais il se retira dans l'Orient, où fut reçue avec honneur cette vertu Romaine, que Rome ne pouvoit plus soutenir **. Maintenant donc Rutillius sera-t'il réputé malheureux, tandis que ceux qui le

---

* Il y a eu un autre Apicius, fameux par sa gourmandise, sous l'Empire de Tibere, & un troisiéme sous Trajan.

** Sen.

condamnerent ont été, pour cela même, traduits comme des criminels au Tribunal de la postérité ; tandis qu'il fut plus facile de l'obliger à quitter son pays, qu'à souffrir que son exil finît ; tandis que lui seul osa refuser le Dictateur Sylla, & qu'étant rappellé dans sa Patrie, non-seulement il dédaigna d'y retourner, mais il s'en éloigna encore davantage.

On me dira : que vous proposez-vous par de tels exemples, dont on peut recueillir une multitude dans l'Histoire des siécles passés ? Je me propose de montrer que comme le changement de place, considéré en lui-même, ne peut rendre aucun homme malheureux, les autres maux que l'on reproche à l'exil, ou ne peuvent arriver à des hommes sages & vertueux, ou s'ils leur arrivent, ne peuvent les rendre misérables. Les pierres sont dures & les glaçons sont froids, & tous ceux qui les touchent les sentent de même *; mais les bons ou les mauvais événemens que la fortune nous amene, se font sentir relativement aux qualités qui sont en nous, & non pas en eux. Ce sont des accidens communs, indifférens en eux-mêmes, & ils n'acquiérent des forces que par nos vices ou nos foiblesses. La fortune ne peut dispenser ni félicités ni malheurs, à moins que nous ne coopérions avec elle. La plupart de ceux que la perte de leur bien rend malheureux, ne seroient pas heureux en le possedant; & ceux qui méritent de jouir des avantages que l'exil fait per-

* Plut.

firé ; ne feront pas malheureux pour en être privés.

Je fuis fâché de faire une exception à cette regle ; mais Ciceron en fournit une fi manifeftement, que fon exemple ne fauroit être diffimulé, ni paffé fous filence. Ce grand homme qui avoit été le fauveur de fa Patrie, qui n'avoit craint en foutenant cette caufe, ni les infultes d'un parti défefperé, ni les poignards des affaffins, quand il vint à fouffrir l'exil pour cette même caufe, fuccomba fous le poids. Il deshonora ce banniffement que l'indulgence celefte lui avoit ménagé, comme un moyen de rendre fa gloire complette. Incertain où il iroit, & ce qu'il feroit, craintif comme une femme, & chagrin comme un enfant, il lamentoit la perte de fon rang, de ses richesses, de sa haute considération parmi le peuple : son éloquence ne servoit qu'à peindre son ignominie avec de plus vives couleurs ; il pleuroit la ruine de sa belle maison que Clodius avoit démolie ; & sa séparation de Terentia qu'il répudia peu de tems après, étoit peut être une affliction pour lui dans ce moment. Tout devient insoutenable à l'homme qui est une fois subjugué par la douleur * : il regrette ce dont il jouissoit sans plaisir, & surchargé déja, il succombe sous le poids d'une bagatelle. Enfin telle fut la contenance de Ciceron que ses amis, aussi-bien que ses ennemis, crurent qu'il avoit perdu le sens **. César

* *Mitto cætera intolerabilia, etenim fletu impedior.* Cic.
** *Tam sæpè & tam vehementer objurgas, & animo infirmo esse dicis.* Cic.

vit avec une secrette satisfaction l'homme qui avoit refusé d'être son Lieutenant, pleurer sous la verge de Clodius. Pompée espéra trouver quelque excuse à son ingratitude, dans le mépris auquel s'exposoit l'ami qu'il avoit abandonné. Atticus même le trouva trop bassement attaché à sa premiere fortune, & le lui reprocha : Atticus, de qui les plus grands talens étoient l'usure & la politesse, qui plaçoit son principal mérite à être riche, & qui auroit été noté d'infamie à Athenes pour garder des mesures avec les deux partis, sans se compromettre avec aucun * ; cet Atticus rougit pour Cicéron, & l'homme le plus complaisant qu'il y eût au monde prit le style de Caton.

* Plut.

J'ai insisté sur cet exemple d'autant plus que, sans donner atteinte à la vérité que nous venons d'établir, il nous en enseigne une autre d'une grande importance. Les hommes sages sont certainement supérieurs à tous les maux de l'exil; mais dans un sens rigoureux, celui qui a laissé dans son ame une seule passion indomptée, ne peut mériter ce nom. Ce n'est pas assez que nous ayons étudié tous les devoirs de la vie publique & privée ; que nous en soyons parfaitement instruits, & qu'aux yeux du monde nous vivions conformément à ces devoirs. Une passion qui reste assoupie dans le cœur, & qui a échappé à notre examen, ou que nous avons regardée avec indulgence, comme pardonnable, ou que nous ayons peut-être même encouragée comme un principe propre à exciter & aider notre vertu, peut dans un tems ou dans l'autre détruire notre tranquillité, & gâter notre caractere entier. Quand la vertu a, pour ainsi dire, encuirassé l'ame de tous côtés, nous sommes invulnérables de toutes parts; mais la moindre partie négligée ou dédaignée peut nous exposer à recevoir un coup mortel: Achille fut blessé au talon. La raison ne peut obtenir l'empire absolu de nos ames par une seule victoire; le vice a plusieurs corps de reserve qu'il faut battre, plusieurs forteresses qu'il faut emporter; & nous pouvons être à l'épreuve de plusieurs assauts, sans être à l'épreuve de tous. Nous pouvons résister aux plus rudes attaques de la fortune, & céder aux plus foibles. Nous pouvons avoir gagné le dessus de l'avarice, la plus universelle des maladies de l'ame, & n'en être pas moins esclaves de l'ambition *. Nous pouvons avoir délivré notre ame de la peur de la mort, & quelqu'autre peur pourra néanmoins s'y tenir comme blottie. C'étoit le cas de Ciceron. La vanité étoit son vice capital ** : je ne doute pas qu'elle n'eût

---

* Sénèque dit tout le contraire de cela, suivant le système des Stoïciens, dont il s'éloigne néanmoins en diverses occasions.

Si contrà unam quamlibet partem fortunæ satis tibi roboris est, idem adversùs omnes erit......

Si avaritia dimisit, vehementissima generis humani pestis, moram tibi ambitio non faciet.

Non singula vitia ratio, sed pariter omnia prosternit. In universum semel vincitur.

Nec audacem quidem timoris absolvimus; nec prodigum quidem avaritiâ liberamus.

Qui autem habet vitium unum, habet omnia. Sen.

** *In animo autem gloriæ cupido, qualis fuit Ciceronis, plurimum potest.* Vell. Paterc.

échauffé

échauffé son zéle, excité son habileté, animé son amour de la Patrie, & soutenu sa constance contre Catilina : mais elle donna à Clodius une entiere victoire sur lui. Il n'étoit pas effrayé de perdre la vie, & de quitter les biens, les honneurs & toutes les choses dont il pleura la perte ; mais il étoit effrayé de vivre & d'en être privé *. Il auroit probablement vû la mort dans cette occasion avec la même fermeté, avec laquelle il dit à Popilius Lénas, son client & son meurtrier ; » Approche Vétéran, & si du » moins tu peux faire cela de bien, » coupe moi la tête ». Mais il ne pouvoit soutenir de se voir lui-même & d'être vû par d'autres, dépouillé de ces ornemens dont il avoit accoutumé

* *Ut vivus hæc amitterem.* Cic.

D

d'être décoré : ce qui le fit répandre ainsi en tant de honteuses expressions. » * Puis-je oublier ce que j'ai été, ne » pas sentir ce que je suis, de quel » honneur, de quelle gloire je me vois » déchû ? » Et parlant de son frere; ** » j'ai évité de le voir, pour ne pas » être témoin de son deuil, de sa cons- » ternation, & pour ne pas me pré- » senter à lui dans un état si triste, si » déplorable, après l'état si florissant » où il m'avoit laissé. » Ciceron avoit pensé à la mort, & y avoit préparé son esprit, il y avoit même eu des occasions où sa vanité auroit pû en être

---

* *Possum oblivisci qui fuerim, non sentire qui sim; quo caream honore, quâ gloria ?*
** *Vitavi ne viderem, ne aut illius luctum squaloremque aspicerem, aut me, quem ille florentissimum reliquerat, perditum illi afflictumque offerrem.*

flattée. Mais la même vanité l'avoit empêché dans sa prospérité, de supposer qu'un pareil revers pût lui arriver; celui-ci donc arrivant, ne le trouva point préparé, le surprit & le frappa d'étonnement. Il étoit encore entêté » des vapeurs, de la pompe & du fracas » de Rome; »* & non encore sevré de toutes ces choses que l'habitude rend nécessaires, & que la Nature a laissées indifférentes. Nous en avons fait l'énumération ci-dessus, & il est tems d'en venir à un examen plus particulier.

Tout homme est donc capable de supporter un changement de place; plusieurs en font leur plaisir: mais qui peut soutenir les maux qui accompagnent l'Exil? Vous-même, qui en faites la question, pouvez les soutenir. Tous

* *Fumum & opes strepitumque Romæ.*

ceux qui les considérent tels qu'ils sont en eux-mêmes, au lieu de les regarder au travers du verre trompeur que le préjugé nous tient devant les yeux. Car quoi ! vous avez perdu votre bien ; réduisez vos désirs, & vous vous trouverez aussi riche que jamais, avec cet avantage de plus, que vos soins seront diminués. Nos besoins naturels & réels sont renfermés en d'étroites limites ; mais ceux que l'imagination & l'habitude enfantent, sont illimités *. La vérité est renfermée dans un petit cercle déterminé, mais l'erreur ne connoît point de bornes. C'est pour-

---

* *Naturalia desideria finita sunt : ex falsâ opinione nascentia ubi desinant, non habent : nullus enim terminus falso est.* Sen.

Si ad naturam vives, nunquam eris pauper ; si ad opinionem, nunquam dives : exiguum natura desiderat, opinio immensum. Sen.

quoi si vous laissez échapper vos désirs au-delà de ces limites, ils erreront éternellement *. Nous devenons nécessiteux au milieu de l'abondance, & notre pauvreté augmente avec nos richesses. Réduisez vos désirs, afin de pouvoir dire avec l'Apôtre de la Grece, auquel Erasme étoit prêt d'adresser ses priéres **; « que de choses « dont je n'ai point de besoin! » Bannissez de votre exil tous les besoins imaginaires, & vous n'en souffrirez aucuns de réels; le petit filet d'eau qui vous est laissé, suffira pour étancher la soif de la nature; celle que l'on ne peut pas étancher ainsi, n'est pas une soif, mais une maladie, qui est plutôt formée par les habitudes vicieuses de

_____
* *Curtæ nescio quid semper abest rei.*
** *Quam multis ipse non egeo.*

votre esprit, qu'elle n'est l'effet de l'exil. Combien de gens dans le monde soutiennent gayement la pauvreté, parce qu'ils y ont été élevés, & qu'ils y sont accoutumés *. Serions-nous incapables d'acquérir par la raison & par la réflexion, ce que le plus vil Artisan posséde par l'habitude ? Ceux qui ont tant d'avantages sur lui, seront-ils esclaves des besoins & des nécessités qu'il ignore ? Les Riches dont les goûts rafinés ne peuvent être satisfaits, ni par les productions d'une Province, ni même par celles d'un Royaume entier, pour qui tout le globe habitable est pillé, pour qui les Caravannes du Levant sont continuellement en marche, & les Mers les plus reculées couvertes de Vais-

* Sen.

eaux, ces Créatures délicates, raſſaſiées de ſuperfluités, prennent ſouvent plaiſir à habiter dans une humble cabanne, & à faire un repas groſſier. Ils courent ſe réfugier dans les bras de la frugalité, inſenſés qu'ils ſont, de vivre toujours dans la crainte de ce qu'ils ſouhaitent quelquefois, & de fuir une vie qu'ils imitent par un rafinement de luxe. Jettons les yeux ſur ces grands hommes qui vivoient dans des ſiécles de vertu, de ſimplicité & de frugalité, & rougiſſons de penſer que nous jouiſſons dans le banniſſement de plus de biens, qu'ils n'en poſſédoient au milieu de leur gloire, & dans la plus grande affluence de leur fortune. Imaginons-nous que nous voyons un grand Dictateur donnant audience aux Ambaſſadeurs des Samnites, & préparant dans l'âtre son modique repas, de la même main qui avoit si souvent subjugué les ennemis de la République, & porté au Capitole le laurier triomphal. Rappellons-nous que Platon n'avoit que trois Esclaves *, & que Zenon n'en avoit pas un **. On se cottisoit

* Le Testament de Platon dans Diogene Laërce fait mention de quatre Esclaves sans compter Diane à qui il donna la liberté.

Apulée fait consister son bien en un petit jardin proche de l'Académie, deux Esclaves, une Patene pour les Sacrifices, & autant d'or qu'il en faudroit pour faire des boucles d'oreilles à un enfant.

** Zénon possédoit mille talens lorsqu'il vint de Chypre en Grece, & il étoit dans l'usage de mettre son argent sur des Vaisseaux à un gros intérêt, en un mot il faisoit à peu près l'office d'Assureur. Il avoit apparemment perdu son bien, quand il dit : c'est fort bien fait à la fortune de nous jetter entre les bras de la Philosophie. *Recté sané agit fortuna, quæ nos ad Philosophiam impellit.*

pour fournir à l'entretien de Socrate*, le Réformateur de son Pays, & à la sépulture de Ménénius Agrippa, l'arbitre du sien. Pendant qu'Attilius Regulus battoit les Carthaginois en Afrique, la fuite de son Valet de charrue réduisit chez lui sa famille à l'indigence, & le labourage de sa petite Ferme devint l'objet des soins publics. Scipion mourut sans laisser de quoi marier ses filles, & leurs dots furent payées du Trésor de l'Etat;

Il reçut ensuite d'Antigone beaucoup de présens considérables, de sorte que sa grande frugalité, & simplicité de vie fut l'effet de son choix & non de la nécessité. Voy. Diog. Laert.

* Diogene Laërce rapporte sur la foi d'Aristoxene, que Socrate avoit un petit tronc & vivoit de l'argent que l'on y mettoit. *Positâ igitur arculâ collegisse pecuniam quæ daretur: consumptâ autem eâ, rursùs posuisse.*

car il étoit bien juste que le Peuple de Rome payât tribut une fois, à celui qui avoit assujetti Carthage à un tribut perpétuel. Après de tels exemples, serons-nous effrayés de la pauvreté ? Dédaignerons-nous d'être adoptés dans une famille, qui a tant d'illustres ancêtres ? Nous plaindrons-nous du bannissement, parce qu'il nous ôte ce dont les plus grands Philosophes, & les plus grands Héros de l'Antiquité n'ont jamais joui ?

Vous trouverez peut-être mauvais, & regarderez comme une supercherie, que je considére séparement des malheurs qui fondent tous ensemble sur un homme exilé, & l'accablent sous leurs poids réunis. Vous pourriez supporter le changement de place, s'il n'étoit pas accompagné de la pauvreté ; ou la pauvreté, si elle n'étoit pas accompagnée de la séparation de votre famille & de vos amis, de la perte de votre rang, de votre considération & de votre pouvoir, du mépris & de l'ignominie. Quiconque raisonne de cette maniere, qu'il se fasse la réponse suivante. La plus petite de ces circonstances en particulier est suffisante, pour rendre misérable l'homme qui n'y est pas préparé, qui ne s'est pas affranchi de la passion qu'il avoit particulierement intérêt de dompter. Mais celui qui est venu à bout de maîtriser toutes ses passions, qui a prévû tous ces accidens, & préparé son esprit à les endurer, leur sera supérieur à tous, & à tous à la fois, aussi-bien qu'à chacun en particulier. Il supportera la perte de son rang, non pas parce qu'il peut supporter la perte de son bien, mais il supportera l'un & l'autre, parce qu'il est préparé à l'un & à l'autre, & parce qu'il est libre d'ambition aussi-bien que d'avarice.

Vous êtes séparé de votre famille & de vos amis. Faites-en la liste, & repassez-la attentivement : combien peu en trouverez-vous dans votre famille qui méritent le nom d'amis, & combien peu parmi ceux-ci, qui le soient réellement ? Effacez les noms de ceux qui ne doivent pas rester dans ce rolle, & le gros Catalogue sera bien-tôt réduit à peu de chose. Regrettez, si vous voulez, votre séparation de ce petit nombre; à Dieu ne plaise que je veuille proscrire les sentimens d'une amitié vertueuse, quand je déclame contre une honteuse & vicieuse foiblesse de l'esprit. Regrettez votre séparation de vos amis, mais regrettez-la comme un homme qui mérite d'être le leur : c'est de la force & non de la foiblesse d'esprit ; c'est une vertu & non un vice.

« Mais le moindre déplaisir causé » par la perte du rang que nous te- » nions est une chose ignominieuse. » Il n'y a de rang estimable parmi les hommes que celui que donne le mérite réel. Les Princes de la terre peuvent donner des titres, instituer des cérémonies, & en exiger l'observation : leur imbécillité & leur méchanceté peut les pousser à revêtir des fous & des fripons de robes d'honneur, & d'emblêmes de sagesse & de vertu. Mais nul homme ne peut être véritablement supérieur à un autre sans un mérite supérieur, & ce rang ne sauroit non plus nous être enlevé, que le mérite sur lequel il est établi. L'autorité suprême donne une valeur imaginaire & arbitraire aux monnoyes ; c'est pourquoi elles n'ont pas le même cours en tous tems & en tous lieux ; mais la valeur réelle reste invariable, & l'homme prévoyant se défait aussi-tôt qu'il peut des piéces de mauvais alloi, & amasse le bon argent. Ainsi le mérite ne peut nous procurer la même considération universellement. Mais quoi ! le titre à cette considération est le même, & sera reconnu tel en chaque circonstance par ceux qui sont eux-mêmes sages & vertueux. Si des gens, en qui il n'y a ni vertu ni sagesse, ne le reconnoissent pas, au moins ils ne nous ôtent rien ; nous n'avons pas raison de nous plaindre. Ils nous considéroient pour un rang que nous avions, pour notre titre & non pour notre valeur intrinséque; nous n'avons plus ce rang, ce titre, & ils ne nous considérent plus : ils admiroient en nous, ce que que nous n'admirions pas nous-mêmes; s'ils s'accoutument à nous négliger, habituons-nous à avoir pitié d'eux; leur assiduité étoit importune, ne nous plaignons pas du repos que leur changement nous procure; appréhendons plutôt le retour de ce rang & de ce pouvoir, qui semblable à un jour de Soleil, nous rameneroit ces petits insectes, & les feroit fourmiller de nouveau autour de nous.

Je sçais combien nous sommes habiles à déguiser sous de spécieux pré-

textes, nos foiblesses & nos vices; & combien nous réussissons souvent non-seulement à tromper le monde, mais encore à nous tromper nous-mêmes. L'inclination à faire le bien est inséparable d'une ame vertueuse. C'est pourquoi celui qui n'est pas capable de supporter avec patience la perte de ce rang, de ce pouvoir dont il jouissoit, est quelquefois bien aise d'attribuer ses regrets à l'impossibilité où il suppose qu'il se trouve réduit de satisfaire cette inclination. Mais qu'il sache qu'un homme sage se contente lui-même, en faisant autant de bien que sa situation lui permet d'en faire; qu'il n'y a point de situation où nous n'en puissions faire beaucoup; & que quand nous sommes privés d'un plus grand pouvoir de faire le bien, nous
évitons

Évitons en même tems la tentation de faire quelque mal.

Les inconveniens dont nous avons parlé, n'entraînent donc rien avec eux qui soit difficile à soutenir pour un homme sage & vertueux; & ceux dont il nous reste à parler, le mépris & l'ignominie, ne peuvent jamais tomber dans son lot. Il est impossible que celui qui se respecte lui-même, soit méprisé par les autres; & comment l'ignominie pourroit-elle affecter l'homme qui rassemble toutes ses forces en lui-même, qui appelle du jugement de la multitude à un autre Tribunal, & qui vit indépendant du genre humain, & des accidens de la vie? Caton fut rebuté dans les élections à la Préture & au Consulat: mais y a-t'il personne qui ait les yeux assez bouchés à la vérité, pour imaginer que de ces refus, il soit réfléchi quelque disgrace sur lui ? La dignité de ces deux Magistratures auroit été augmentée s'il en eût été revêtu : elles y perdirent plus que Caton.

Vous avez rempli tous les devoirs d'un bon Citoyen, vous avez été fidéle à vos promesses, constant dans vos engagemens, & vous avez cherché les intérêts de votre patrie, sans regarder aux ennemis que vous vous faisiez, & aux dangers que vous couriez. Vous avez séparé son intérêt, autant qu'il étoit en votre pouvoir, de ceux des factions qui la déchiroient, aussi bien que de ceux de ses voisins & de ses alliés, lorsqu'ils se trouvoient différens : elle recueille le fruit de vos services, & vous souffrez pour les

avoir rendus ; vous êtes banni & poursuivi avec ignominie, & ceux que
vous avez empêchés de triompher à
ses dépens, se vangent aux vôtres.
Les personnes malgré lesquelles vous
avez servi ou même sauvé le public,
conspirent votre ruine particuliere &
en viennent à bout ; ils sont vos ac-
cusateurs, & la foule volage & ingrate
est votre juge ; votre nom est suspendu dans des tables de proscription,
& l'artifice joint à la malice entre-
prend de faire passer vos meilleures
actions pour des crimes, & de ternir
votre caractere. Pour cet effet, la
voix sacrée du Sénat est engagée à
prononcer un mensonge, & ces registres qui devroient être les monumens
éternels de la vérité, deviennent les
titres de l'imposture & de la calom-

nie. Vous regardez de telles circonstances comme intolérables, & vous préféreriez la mort à un exil si ignominieux. Ne vous y trompez pas, l'ignominie retombe sur ceux qui persécutent injustement, & non sur celui qui souffre une injuste persécution *. Suppofez que dans l'acte qui vous bannit, il fût déclaré que vous avez quelque maladie contagieuse, que vous êtes bossu, ou autrement contrefait; cette décision rendroit les Juges ridicules **, l'autre les rend infames; mais ni l'une ni l'autre ne peut intéresser un homme qui dans un corps sain & bien proportionné, jouit d'une conscience nette de toutes les fautes

* *Recalcitrat undique tutus.*
** Dion. Cass. Dialogue entre Ciceron & Philiscus.

qu'on lui impute. Au lieu d'un tel exil voudriez-vous faire cette convention, qu'afin de pouvoir vivre chez vous dans l'aisance & dans l'abondance; vous servirez d'instrument pour confondre ensemble de plus en plus ces intérêts opposés, & ne donner que la troisiéme place à ceux de votre Patrie ? Voudriez-vous prostituer sa puissance à l'ambition d'autrui, sous prétexte de la garantir de dangers imaginaires ; & faire pleuvoir ses richesses dans les coffres des plus minces & des plus vils de ses Citoyens, sous prétexte de payer ses dettes ? Si vous pouvez vous soumettre à une aussi infame convention, vous n'êtes pas l'homme à qui j'adresse mon discours, ni même avec qui je veuille avoir aucun commerce : mais si vous avez assez de vertu pour la dédaigner, pourquoi murmurez-vous d'un sort que vous ne pouviez éviter que par cette alternative? Etre banni d'un tel pays & avec de telles circonstances, c'est être délivré de prison. Diogene se fit chasser du Royaume du Pont, pour avoir fait de la fausse monnoye; & Statonicus crut pouvoir commettre une fausseté, pour se faire bannir de Sériphos. Mais vous, c'est en faisant votre devoir que vous avez obtenu votre liberté.

Le bannissement avec tout son cortége de maux, est si peu une cause de mépris, que celui qui se roidit contre avec un courage intrépide, pendant que tant d'autres s'y laissent abattre, érige sur sa propre infortune un trophée à son honneur: car telle est la disposition & la trempe de nos esprits, que rien ne nous inspire plus d'admiration, qu'un homme intrépide au milieu des disgraces. Il faut convenir qu'une mort ignominieuse est la plus grande de toutes les ignominies ; & néanmoins quel est le blasphémateur qui osera diffamer la mort de Socrate * ? Cet homme divin entra dans la prison avec la même fermeté avec laquelle il avoit réduit les trente Tyrans, & il effaça l'ignominie de ce lieu : car comment l'eut-on pû regarder comme une prison, quand Socrate y étoit ? Aristide fut mené au supplice dans la même Ville ; tous ceux qui rencontroient cette triste marche, baissoient les yeux en terre, & le cœur serré, déploroient, non l'homme in-

* Sen.

nocent, mais la justice elle-même qui étoit condamnée en lui. Néanmoins il se trouva là un misérable (un de ces monstres qui sont quelquefois produits contre les régles ordinaires de la nature) qui lui cracha au visage en passant. Aristide essuya sa joue, sourit, & se tourna vers le Magistrat, en disant : » Avertissez cet homme qu'il ne soit » pas si sale à l'avenir. »

L'ignominie ne sauroit donc avoir de prise sur la vertu * ; car la vertu est la même, & s'attire le même respect dans toutes les conditions. Quand elle prospere, nous applaudissons au monde ; & quand elle tombe dans l'adversité, nous lui applaudissons à elle-même : semblable aux Temples des Dieux, elle est vénérable jusques dans

* Sen.

ses ruines. Ceci posé, ne doit-on pas regarder comme une sorte de folie, de différer un moment à acquérir les seules armes capables de nous défendre contre des attaques auxquelles nous sommes à tout moment exposés. Nous ferons, ou ne ferons pas malheureux en tombant dans l'infortune, selon la maniere dont nous aurons joui de la prospérité. Si nous nous sommes appliqués de bonne-heure à l'étude de la sagesse, & à la pratique de la vertu, ces maux deviennent indifférens; si nous avons négligé de le faire, ils deviennent nécessaires : dans le premier cas, ils ne sont pas des maux, & dans le second ils sont des rémedes à des maux plus grands qu'eux. Zenon * se réjouissoit de ce qu'un nau-

* Diog. Laerc.

frage l'avoit jetté sur les côtes d'Athênes : il dut à la perte de sa fortune l'acquisition qu'il fit de la vertu, de la sagesse & de l'immortalité. Il y a bon & mauvais air pour l'esprit aussi-bien que pour le corps : souvent la prospérité irrite nos maladies habituelles, & nous laisse sans espérance de trouver de spécifique que dans l'adversité. Dans ce cas, le bannissement est semblable à un changement d'air, & les maux que nous y souffrons, semblables à des médecines disgracieuses, appropriées à des maladies invétérées. Ce qu'Anacharsis * disoit de la Vigne, peut assez bien s'appliquer à la prospérité : elle porte les trois grapes de plaisir, d'yvresse & de chagrin ; & on est heureux quand la derniere

* Sen.

peut guérir le mal qu'ont produit les deux autres. Lorsque les afflictions ne produisent pas leur effet naturel, le cas est désespéré. Ce sont les derniers remedes que la divine Providence met en usage ; s'ils manquent, nous languirons & nous mourrons dans la misére & dans le mépris. Hommes vains que nous sommes ! combien rarement savons-nous que souhaiter & que demander ! Quand nous prions pour éloigner de nous ces malheurs, & quand nous les craignous le plus, c'est alors que nous en avons le plus de besoin. C'étoit par cette raison que Pythagore défendit à ses Disciples de demander à Dieu aucune chose en particulier. La plus courte & la meilleure priére que nous puissions adresser à celui qui connoît nos besoins & notre ignorance dans nos demandes; eſt celle-ci : » Ta volonté ſoit faite. »

Ciceron dit que comme le bonheur eſt l'objet de toute la Philoſophie, les diſputes entre les Philoſophes proviennent de leurs différentes idées du ſouverain bien. Conciliez-les en ce point, vous les reconcilierez dans le reſte. L'Ecole de Zénon plaçoit le ſouverain bien dans la vertu nue, & pouſſoit ce principe dans l'extrême, au-delà du plus haut point de la nature & de la vérité. Cet excès fut peut-être occaſionné par un eſprit d'oppoſition à une autre doctrine, qui devint fort à la mode pendant que Zénon floriſſoit : Epicure plaçoit le ſouverain bien dans le plaiſir ; ſes termes furent mal entendus, ſoit volontairement ou par hazard ; ſes Sectateurs aiderent peut-être à pervertir sa doctrine, mais ce fut la rivalité qui aigrit la dispute ; car en vérité il n'y a pas une si grande différence qu'on se l'imagine entre le Stoïcisme réduit à des termes raisonnables & intelligibles, & le pur & orthodoxe Epicurisme. * *L'inaltérable tranquillité d'une ame heureuse* du premier, & ** *la volupté* de l'autre ont assez d'affinité ; & je doute fort si le plus ferme Héros du Portique auroit supporté un accès de la pierre sur les principes de Zénon, avec plus de magnanimité & de patience que fit Epicure sur ceux de sa propre Philosophie ***. Cependant

* *Felicis animi immota tranquillitas.*
** *Voluptas.*
*** Comparez les Portraits que l'on fait si souvent de la Doctrine de la volupté enseignée par Epicure avec le compte qu'il

Ariſtote * prit un milieu, ou s'expliqua mieux; il plaça le bonheur dans ces avantages réunis, ceux de l'eſprit, ceux du corps, & ceux de la fortune: il eſt raiſonnable de les joindre, mais il eſt certain qu'ils ne doivent pas être placés ſur un pied égal. Nous pouvons beaucoup mieux ſupporter la privation des derniers, que celle des autres, & la pauvreté même de laquelle le genre humain eſt ſi effrayé **, eſt ſûrement moins fâcheuſe, que la folie ou la pierre; quoiqu'en penſât Chryſipe, qui diſoit qu'il valoit mieux vivre fou, que de ne pas vivre. Si le banniſſe-

---

rend lui-même, dans la Lettre à Ménécée, du ſens dans lequel il entendoit ce mot. *Diog. Laerc.*

* *Plut.*
** *Per mare pauperiem fugiens, per ſaxa, per ignes.*

ment donc, en nous ôtant les avantages de la fortune, ne peut nous ôter les avantages plus précieux de l'esprit & du corps, quand nous les possédons, & si cet accident est capable de nous les rendre quand nous les avons perdus : le bannissement est un mal très-léger pour ceux qui sont soumis à l'empire de la raison, & un très-grand bien pour ceux qui sont encore plongés dans des vices qui ruinent la santé du corps & de l'esprit. L'exil est à désirer pour ceux-ci, & n'est à craindre pour personne. Si nous sommes dans ce cas, secondons les desseins de la Providence en notre faveur; réparons la perte des premieres occasions, en ne laissant pas échapper les dernieres *. Nous pouvons abréger

* *Si noles sanus, curres hydropicus.* Hor.

les maux que nous aurions pû prévenir ; & à mesure que nous prendrons le dessus sur nos passions désordonnées, & sur nos habitudes vicieuses, nous sentirons nos peines diminuer à proposition. Toutes les avenues de la vertu sont consolantes. Avec combien de joie l'homme qui profite ainsi de ses malheurs découvrira-t-il que ces maux qu'il attribuoit à son exil, avoient leur source dans sa vanité & sa folie, & disparoissent avec elles ? Il verra que dans sa premiere disposition d'esprit, il ressembloit à ce Prince efféminé *, qui ne vouloit boire d'autre eau que de celle de la riviere de Choaspe ; ou à cette Reine imbécille, qui (dans une Tragédie d'Euripide) se plaignoit amerement qu'elle

* Plut.

n'avoir

n'avoit pas allumé la torche nuptiale, & que la riviere d'Ismene n'avoit pas fourni l'eau pour les nôces de son fils. Envisageant son premier état dans un jour si ridicule, il travaillera avec joie à s'en procurer un autre tout opposé, & lorsqu'il y sera parvenu, il sera convaincu par sa propre expérience, (la plus forte de toutes les preuves) qu'il étoit malheureux parce qu'il étoit vicieux, & non parce qu'il étoit banni.

Si je ne craignois d'être soupçonné de chercher trop à rafiner, je hazarderois de mettre ici quelques avantages de la fortune, qui sont dûs à l'éxil, dans la balance contre ceux que l'éxil nous fait perdre. Il y en a un qui a été négligé par des grands hommes & par des sages. Démétrius de Phalére banni

E

d'Athenes, devint Premier Ministre du Roi d'Egypte, & Thémistocle fut si bien reçu à la Cour de Perse, qu'il disoit que sa fortune auroit été perdue s'il n'avoit pas été ruiné; mais Démétrius s'exposa, par sa faveur sous le premier Ptolomée, à une nouvelle disgrace sous le second; & Thémistocle, qui avoit été le Capitaine d'un Peuple libre, devint le vassal du Prince qu'il avoit lui-même vaincu. Ne vaut-il pas mieux jouir de l'avantage qui est propre à l'exil, & vivre pour nous-mêmes, quand nous ne sommes plus dans l'obligation de vivre pour les autres. Similis, Capitaine d'une grande réputation sous Trajan & sous Adrien, ayant obtenu la permission de se retirer, passa sept ans dans sa retraite, & mourant alors il ordonna que l'on gravât pour épitaphe sur son tombeau *, » qu'il avoit passé bien des » années sur la terre, mais qu'il n'avoit » vécu que sept ans ».

Si vous êtes sage, votre loisir sera dignement employé, & votre retraite ajoutera un nouveau lustre à votre caractere. Imitez Thucidide en Thrace, ou Xénophon dans sa petite ferme à Scillus. Dans une telle retraite vous pourrez vous établir comme un des habitans d'Elide, qui jugeoient des jeux Olympiques sans y prendre aucune part : loin du tracas du monde, & presque indifférent spectateur de ce qui s'y passe, ayant rendu dans votre vie publique ce que vous deviez au siécle présent, rendez dans votre vie privée ce que vous devez à la postérité.

* Xiphil.

Ecrivez comme vous vivez, sans passion, & établissez votre réputation, comme vous établissez votre bonheur, sur les fondemens de la vérité. Si vous manquez des talens, de l'inclination, ou des matériaux nécessaires pour de tels ouvrages, ne tombez pas pour cela dans l'oisiveté; tâchez d'imiter l'exemple de Scipion à Linternum, & de pouvoir vous dire à vous-même, » j'aime les plaisirs innocens, & un » repos savant * ». Les amusemens rustiques & les méditations philosophiques feront couler doucement vos heures, & si la bonté du Ciel vous a donné un ami semblable à Lélius, rien ne vous manquera pour rendre votre bonheur complet.

* *Innocuas amo delicias, doctamque quietem.*

Voilà

Voilà quelques-unes des Réflexions qui peuvent servir à fortifier l'esprit sous le poids de l'Exil & des autres malheurs de la vie, auxquels chaque homme a intérêt de se préparer, parce qu'ils sont communs à tous les hommes *. Je dis qu'ils sont communs à tous, parce que ceux mêmes qui les évitent y sont au moins exposés. Les dards de la mauvaise fortune sont toujours pointés contre nos têtes : quelques-uns nous attrappent, quelques-uns nous effleurent & s'envolent pour blesser nos voisins ; c'est pourquoi tenons notre esprit dans une égale température, & payons sans murmure le tribut que nous devons à l'humanité. L'hyver apporte le froid, il faut nous résoudre à être gelés ; l'été ramene la

* Sen.

chaleur, il faut nous résoudre à fondre en sueurs ; l'inclémence de l'air dérange notre santé, il faut nous résoudre à être malades : ici nous sommes exposés aux bêtes féroces, & là à des hommes plus sauvages que des bêtes; si nous échappons aux incommodités & aux périls de l'air & de la terre, il y a les dangers de l'eau & ceux du feu à courir. Il n'est pas en notre pouvoir de changer l'ordre établi des choses ; mais il est en notre pouvoir de prendre l'élévation d'ame qui convient à des hommes sages & vertueux, & qui peut nous rendre capables d'affronter avec courage les accidens de la vie, & de nous conformer à l'ordre de la Nature, qui gouverne son grand royaume (le monde), par de continuelles révolutions. Soumettons-nous à cet ordre ; soyons persuadés que tout ce qui arrive doit arriver, & ne soyons jamais assez fous pour nous plaindre de la nature. La meilleure résolution que nous puissions prendre, c'est de souffrir ce que nous ne pouvons changer, & de suivre sans murmurer la route que la providence, qui dirige chaque chose, nous a marquée : car ce n'est pas assez de la suivre, il est d'un mauvais soldat de soupirer, & de marcher avec répugnance. Nous devons recevoir les ordres avec courage & gaieté, & ne pas chercher à nous échapper du poste qui nous est assigné dans cette belle disposition des choses, dont nos souffrances même font une partie nécessaire. Adressons-nous à Dieu qui gouverne tout, comme Cléanthe fit dans ces admirables vers, qui vont perdre une partie de leur grace & de leur énergie dans ma traduction:

 * » Pere de la Nature, maître du
» monde, voi mes pas se tourner
» avec une joyeuse résignation par-
» tout où ta Providence me conduit.
» Le destin mene celui qui marche vo-
» lontairement, & entraîne celui qui
» résiste. Pourquoi pleurerois - je,
» quand malgré mes pleurs il faudroit
» souffrir? ou pourquoi recevrois - je

---

*   Parent of Nature! master of the world!
Where'er thy providence directs, behold
My steps with chearful résignation turn.
Fate leads the willing, drags the backward on.
Why should I grieve, when grieving I must bear?
Or take with guilt, what guiltless I might share?

» d'une maniere criminelle ce qu'il ne
» dépend que de moi de recevoir sans
» crime »?

Parlons & agiſſons ainſi; la réſignation à la Providence eſt la véritable magnanimité. Mais c'eſt la marque ſûre d'un eſprit bas & puſillanime de lutter contre, & de cenſurer l'ordre de la Providence; & au lieu de rectifier notre propre conduite, de nous élever pour réformer celle de notre Créateur.

Fin des Réflexions ſur l'Exil.

REMARQUES.

Pag. 14. *Heimrey.*

Ce mot se trouve ainsi dans le Mercure. Le texte Anglois porte *Heimvey.* L'un ou l'autre terme est est sans doute tiré de la Langue Suisse; au moins j'avoue que je ne connois pas plus celui-ci en Anglois que celui-là en François; mais il ne m'appartient pas de décider lequel est le plus franc Suisse.

Pag. 31 *Je ne suis privé ni du feu ni de l'eau.*

L'interdiction du feu & de l'eau étoit la formule du bannissement chez les anciens Romains.

Fautes à corriger dans le Tome preemir.

Page	Ligne		Lisez
7	12	dictionnaire	dictionnaires
8	dern.	leurs	leur
27	4	*effacez* Mais	
32	1	eut	eût
35	17	Malborough	Marlborough
41	1	vécût	vécût
51	3	peut être	peut bien être
57	1	vécu	été
64	15	Guillaume I	Guillaume III
83	11	*effacez* fut	
84	not. 2	ces	ses
101	15	où	ou
105	18	la plaça	l'a placé
ibid.	19	après	près
113	8	recherches.	recherches &
121	11	syllable	syllabe

133	10	transportés	transplantés
139	12	pleines	plaines
147	6	de	des
150	10	tout ela	toute la
166	1	evacuera	évaluera
182	2	aura	a
187	3	celle-ci	celles-ci
205	7	Qu'elle	Quelle
206	11	Dion, Cassius	Dion Cassius
216	13	l'Histoire	Histoire
252	2	*effacez* lui-même	
266	17	l'imprudente	l'impudente
270	1	* &	& *
273	15	eux	elles
284	13	avant	avant Henri VII, & de notre constitution Ecclésiastique avant
285	14	Ministre d'Etat	Ministre d'Etat
326	14	des	de

www.ingramcontent.com/pod-product-compliance
Lightning Source LLC
Chambersburg PA
CBHW070538230426
43665CB00014B/1738